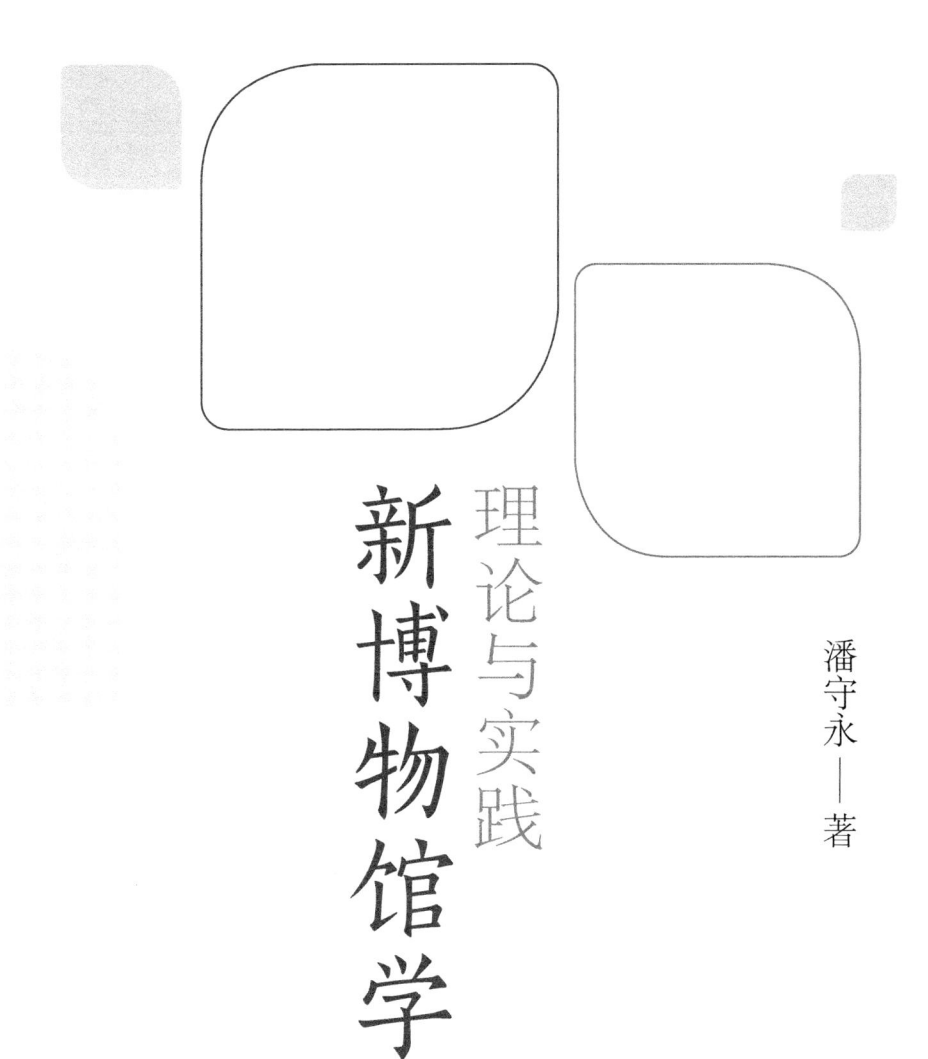

新博物馆学

理论与实践

潘守永——著

江苏凤凰文艺出版社

图书在版编目（CIP）数据

新博物馆学：理论与实践/潘守永著.—南京：江苏凤凰文艺出版社，2023.3(2023.9重印)
 ISBN 978-7-5594-7302-8

Ⅰ.①新… Ⅱ.①潘… Ⅲ.①博物馆学 Ⅳ.①G260

中国版本图书馆CIP数据核字（2022）第218154号

新博物馆学：理论与实践
潘守永　著

出 版 人	张在健
策划编辑	张　遇
责任编辑	胡雪琪
校　　对	赵卓娅
责任印制	刘　巍
封面设计	邱雪峰
排　　版	徐苏莉
出版发行	江苏凤凰文艺出版社
	南京市中央路165号，邮编：210009
网　　址	http://www.jswenyi.com
印　　刷	江苏凤凰数码印务有限公司
开　　本	889毫米×1194毫米　1/32
印　　张	7.375
字　　数	230千字
版　　次	2023年3月第1版
印　　次	2023年9月第2次印刷
书　　号	ISBN 978-7-5594-7302-8
定　　价	68.00元

目录

序……………………………………………………………… 7

第一部分　新博物馆学：使命与视野

第1章　绪论：新博物馆学的方法与视野……………12
　　一、李院士的"告诫"：忌在多个领域同时发力 ………12
　　二、场域、制度与学术选择：博物馆人类学在中国 ……15
　　三、民族志方法：新博物馆学和博物馆人类学的视野 …18
　　四、新博物馆学：兼容方法与视野 ………………25

第2章　新博物馆学：迈向人的博物馆学……………………30
　　一、迈向人的博物馆学：人的研究作为认识博物馆的
　　　　方法与路径 ……………………………………30
　　二、叙事博物馆学：人的研究的社会维度与质性方法 …35
　　三、博物馆的诗学与政治学 ………………………45
　　四、博物馆与可持续发展的社区参与 ……………53
　　五、作为文化中枢的博物馆 ………………………61
　　六、文化表征、文化亲昵与博物馆"交互地带" ………65
　　七、博物馆"交互地带"理念的发展 ………………66
　　八、新博物馆学视野下的物质文化研究 …………68
　　九、博物馆民族志与多模态博物馆学 ……………81

第3章 新博物馆学的视域与博物馆职能拓展 … 84
一、博物馆的新领域：非物质文化遗产保护 … 84
二、博物馆应成为保护非物质文化遗产的"家" … 88

第4章 当代博物馆学研究的"五观"：新博物馆学的定位 … 93
一、博物馆的历史主义话语 … 94
二、博物馆：词源学与谱系学研究 … 97
三、作为一种文本和媒介的博物馆 … 100
四、博物馆中的自然叙事：人类学、民族学与自然史 … 103
五、多元文化主义、批判反思理论及国家主义的反思 … 106
六、"五观"之外的余论 … 110

第二部分 新博物馆学的理论关怀

第5章 批判遗产研究与批判博物馆学 … 114
一、批判（性）遗产研究与中国语境 … 116
二、"批判（性）遗产研究"是一场思想革命还是学术革命 … 118
三、博物馆学与遗产研究中批判性理论构建的思想基础 … 124
四、批判博物馆学没有未来？ … 128

第6章 新博物馆学视野下的博物馆教育 … 132
一、博物馆教育者身份与角色的变化和转换 … 132
二、博物馆教育者的未来：从边缘到中心？ … 137
三、博物馆教育实现的前提：看待学习的不同观点 … 139

第 7 章　博物馆的日常实践研究：组织人类学的视角⋯⋯⋯⋯ 143
　　　　一、博物馆作为日常工作和生活 ⋯⋯⋯⋯⋯⋯⋯⋯⋯ 143
　　　　二、理解工作和岗位职责：北京名人故居博物馆群的
　　　　　　研究案例 ⋯⋯⋯⋯⋯⋯⋯⋯⋯⋯⋯⋯⋯⋯⋯⋯ 154
　　　　三、由组织到人和由人来认识组织 ⋯⋯⋯⋯⋯⋯⋯⋯ 166

第三部分　新博物馆学实践策略
第 8 章　生态博物馆与社区博物馆⋯⋯⋯⋯⋯⋯⋯⋯⋯⋯⋯⋯ 172
　　　　一、全球化视野下的生态博物馆运动 ⋯⋯⋯⋯⋯⋯⋯ 172
　　　　二、镜像理论："博物馆作为镜子" ⋯⋯⋯⋯⋯⋯⋯⋯ 177
　　　　三、中国第一批生态博物馆建设（1995—2014）⋯⋯⋯ 180
第 9 章　第三代生态（社区）博物馆的探索⋯⋯⋯⋯⋯⋯⋯⋯ 190
　　　　一、第三代生态博物馆：生态博物馆建设的
　　　　　　安吉模式 ⋯⋯⋯⋯⋯⋯⋯⋯⋯⋯⋯⋯⋯⋯⋯⋯ 190
　　　　二、生态博物馆在中国"实践探索"的简要回顾与
　　　　　　思考 ⋯⋯⋯⋯⋯⋯⋯⋯⋯⋯⋯⋯⋯⋯⋯⋯⋯⋯ 195
　　　　三、安吉生态博物馆群的定位：家园守望与寻求
　　　　　　诗意的栖居空间 ⋯⋯⋯⋯⋯⋯⋯⋯⋯⋯⋯⋯⋯ 198
　　　　四、生态博物馆与传统村落保护的创新模式 ⋯⋯⋯⋯ 204
第 10 章　地域博物馆学理论与村寨博物馆形态的新发展 ⋯⋯ 206
　　　　一、地域博物馆学：遗产在地化和多学科交融发展的
　　　　　　新时代呼吁 ⋯⋯⋯⋯⋯⋯⋯⋯⋯⋯⋯⋯⋯⋯⋯ 206
　　　　二、村寨博物馆理念的提出与生态博物馆理念的
　　　　　　引进 ⋯⋯⋯⋯⋯⋯⋯⋯⋯⋯⋯⋯⋯⋯⋯⋯⋯⋯ 207

  三、村寨文化传统的延续、传承与保护所面临的
    困境 ………………………………………………… 209
  四、博物馆话语下民族地区村寨文化的保护 ………… 211
  五、超越地域的限制：在更广阔的空间里理解历史
    与时间 …………………………………………… 214

第11章 艺术社区与乡村博物馆行动的人类学观察 ……… 216
  一、艺术介入乡村振兴：作为学科课题，
    也作为主张 ……………………………………… 216
  二、艺术进社区和艺术乡建的跨学科性：
    人类学如何确立自己的学科视角 ……………… 217
  三、艺术社区与艺术乡建：文化的发动机 ………… 220

参考文献 ……………………………………………………… 226
后记 …………………………………………………………… 235

序

潘守永教授是一位人类学家和博物馆学家，他将自己长期而又杰出的职业生涯中所写过的有关新博物馆学的文章结集出版，这将大大有助于对博物馆的学术和实践探索。作为在中国从事博物馆学理论探索的代表人物之一，他的作品对于理解博物馆和遗产的发展情况，以及研究它们的学术方法等，具有相当重要的意义。

这些文章显示了非凡的广度和广博的知识。他工作的重要方面是参与讨论和规划中国博物馆发展的总体布局，分析发展趋势。20世纪后期和21世纪，中国的博物馆发展出现了引人注目的繁荣，列入各级文物保护单位和各类遗产名录的文化遗产数量大幅增加，博物馆和遗产的相关活动一直非常活跃。为了理解这一点，他整合了国际、中国以及地方发展的大量知识。这意味着要研究联合国教科文组织和遗产名录的作用、如何在国家和地方进行动员，以及更具体的国情和地方性的因素。他强调当地文化，这是很多学术研究中常常遗忘的，说明了他的人类学训练背景和学术敏感性，而这对他的职业生涯和本书来说都至关重要。他致力于人类学研究，需要借助详细的民族志参与观察，在更广泛的知识和文化图景中进行深入的关键案例研究。重要的是，这使他能够理解参与发展的人们——例如生活在生态博物馆的村民——是如何看待事物的。他有时会利用这些看法来表明某些学术假设可能没有根据，例如他拒绝接受他认为的过分现实主义和计量历史的方法，这是一些批判性遗产研究中经常使用的典型策略。他认为，遗产对人们重要，不仅仅因为它们是可以利用的文化工具。相反，它是"整体生活环境"的一部分，博物馆和遗产项目的作用是帮助人们更好地认识到这一点。

潘守永的作品中，同样重要的是他关注了不同类型的博物馆和遗产。一些学术研究仅仅关注数量有限的博物馆类型，通常限于国有博物馆部分，然而，他关注博物馆的多元化和多样性，无论是不同的历史和社会政治动机，还是主要的参与者和支持者。认识到不同类型博物馆之间的差异非常重要。他的研究包括了国有博物馆、自然历史博物馆、私人博物馆、名人故居博物馆、大学博物馆以及生态和社区博物馆。研究范围的扩大，为他提供了深刻的理论依据。当然，他用力最多的还是生态博物馆和社区博物馆。在这里，他充分发挥了自己的人类学理论优势以及他在这些博物馆中广泛的参与机会，这些经历尤其有益于他发展新博物馆学。

在进一步评论他的理论之前，潘守永的职业生涯也值得做一些评论，这有助于解释他的研究方法和学术贡献。他本科毕业于吉林大学考古学系（世界上重要的大学考古学系之一）博物馆学专业，然后在南开大学历史系博物馆学专业跟随著名历史学家李学勤教授学习，获得了博物馆学硕士学位。在开始博士阶段的学习之前，他获得了难得的实地调查和研究工作经验，熟悉了国际理论和许多国家的博物馆收藏。再次进入大学，攻读博士学位，他选择了位于北京的中央民族大学，这是一所培养少数民族精英、关注文化多样性议题的顶尖大学。其间，他参与了一项国家重大项目，即长江三峡大坝建设中文化遗产的保护规划，参与主持长江三峡民族民俗文物保护规划和参与当地博物馆等规划建设多种活动，这使他有机会系统记录和收集这个区域的资料，有助于进一步塑造他对文化遗产（物质遗产和非物质遗产）对当地社区重要性的敏感性，也有助于他认识博物馆的重要性。这也意味着他在团队协作和承担具有直接实际意义的工作方面积累了丰富的经验。

所有这些，造就了一位具有广博专业知识、理论原创能力以及实际参与能力的研究者。本书中的文章是从他已经出版的众多作品中选出来的，这些作品展现了作者对博物馆学的贡献，以及他的博物馆学研究具体突出的人类学形式（anthropological form of museology）这一特点，其中对"人民"（people）的考虑尤为突出。这确实是其新博物馆学的核心。因此，博物馆作为社区文化中心以及作为社区和可持续发展的代理人（能动性）的作用至关重要。凭借人类学和实践的参与，他还关注日常博物馆组织实践以及教育的重要性。他的研究还显示了对国际主流理论和概念的参与，如"交互地带"、批判性遗产研究和多元文化主义等。他不仅仅是简单涉猎这些议题，而是发表自己的独立看法。正如他倡导的多模态博物馆学一样，这些贡献也是对博物馆学方法论的贡献。

这本书无疑是中国博物馆学的一个里程碑。除此之外，它也是对国际博物馆学的重要贡献。我希望这本书的英文版也能出版，以便更广泛的读者能够阅读到。

麦夏兰（Sharon MacDonald）
德国柏林洪堡大学社会人类学教授
苏格兰阿伯丁大学社会人类学名誉教授
英国牛津大学皮特·里佛斯博物馆研究员

第一部分

新博物馆学：使命与视野

第1章 绪论：新博物馆学的方法与视野

本章从个人的学术经历和经验出发，谈谈新博物馆学的理论、方法和视野，叙述如何发现物质文化研究、博物馆实践（特别是生态博物馆设计）与人类学学理的内在关联性。在博物馆人类学和新博物馆学语境下，对博物馆民族志所具有的工具论价值进行挖掘，揭示博物馆人类学在认识论和方法论上的意义。

一、李院士的"告诫"：忌在多个领域同时发力

1993年长江三峡工程启动，三峡工程库区文物保护规划组（挂靠中国历史博物馆，俞伟超馆长任组长）委托中央民族大学民族学系主持长江三峡库区民族民间文化遗产保护的规划工作，此为整个三峡文物保护规划工作的一部分。[1] 1996年保护规划方案初稿完成之后，庄孔韶先生邀请李亦园夫妇、庄英章夫妇来三峡现场考察，一是指导规划文本的修改和提升，二是研讨在三峡地区结合文物保护工作如何开展多学科合作。我作为规划文本的执笔人，全程陪同李先生和庄先生从武汉到重庆进行近两周的考察，有机会向两位前辈求教如何兼容多学科视角、如何进行田野工作、如何发现新的前沿性课题等问题。

---

[1] 国务院三峡工程建设委员会办公室、国家文物局编：《长江三峡工程淹没及迁建区文物古迹保护规划报告》附录《民族民俗文物保护规划报告》，中国三峡出版社2010年版。

在我20多本"三峡田野笔记"里,有一本记录了这次向李亦园先生(包括庄英章、庄孔韶先生)问学的谈话与思考。我那时候正在进行博士学位论文的选题,对于选题主题和学术方向,一直在长江三峡和山东台头村之间"游移不定"。我的指导教授林耀华和庄孔韶教授希望我选择杨懋春先生研究过的"中国的一个村庄——山东台头村",这个地点属于人类学的名村,后续的学术回访与接续性研究刚好空缺,而我作为山东人也更容易"上手"。密歇根大学人类学家戴蒙德(Norma Diamond)教授是林先生的老朋友,林先生帮我给戴蒙德教授写了信,希望寻求她的帮助。她曾于20世纪70年代数次到访台头村,沿着杨懋春的学术道路寻找人类学中国故事的学术轨迹,并写出"中国的模范村庄"等学术论述。她很快回信表示支持,她的田野笔记和照片均免费提供我使用。[1] 但是,我自己那几年一直在长江三峡调查,手里积累的资料更多,研究经费充足,时间上也更能够保障。我一度曾设想是否也可以像庄孔韶教授当时一样,"两个题目同时做"[2],因为两个地点我都不愿意放弃。正是在这段与李亦园先生相处的日子里,他严肃告诫我不要试图在多个领域同时用力,博士阶段以及后续的学习研究要"在有限的时间里集中办一件事"。他讲到,表面上看王国维先生似乎是一个例外,他同时在多个领域都取得了顶级的成果,但如果认真研究就会发现观堂先生是"在有限的时间里集中办成一件事"的典范。李先生的告诫,对当时的我可谓醍醐灌顶。

我1985—1989年在吉林大学考古学系博物馆学专业学习,是吉大考古学系博物馆学专业的第一届学生,入学时属于历史系。1987

---

[1] 潘守永:《在乡村"巧遇"美国人类学家》,《民族艺术》1998年第4期。
[2] 庄孔韶教授是改革开放后我国第一位民族学博士,1984—1988年在林耀华先生指导下完成了《教育人类学》(黑龙江教育出版社1989年版)和《银翅:中国的地方社会与文化变迁》(生活·读书·新知三联书店2016年版)两篇博士学位论文,最终以《教育人类学》获得博士学位。

年考古学专业和博物馆学专业成立独立建制的考古学系,我们属于"吉大考古创系"的一代。吉林大学考古学科的特点是实践与理论并重,突出强调田野考古实践,每一个学生必须经过生产实习和毕业实习才能毕业。博物馆学专业也要修习考古学的基本课程,也要经过两次专业实习。我个人的学术训练在考古学、古代物质文化研究方面比较系统,1989 年本科毕业时有幸获得研究生推免资格,到南开大学历史系博物馆学专业继续攻读硕士学位。那时候,跨校推免生比较少见,所以南开大学博物馆学专业搞了一个严格的学术测试。其中,古代器物学的内容最多,大约要写出 10 种主要青铜器的名称、功能以及各部分的名称(如青铜戈的胡、内、穿、脊、刃等)。我的老师们要求非常严格,商周考古课和古代青铜器研究课都是林沄先生主讲的,古文字课由陈世辉和吴振武老师主讲。我的毕业论文是关于山东史前陶文的,在当时属于前沿研究,由何琳仪、林沄和孙敬明三位老师指导,并获评优秀毕业论文。硕士阶段,我又有幸跟随李学勤先生学习。李先生重视古代文献,我从《汉书·艺文志》开始熟悉古书,他给我确定的研究方向是"古代玉器与中国文化",这样可以兼容考古学、器物学和文化研究,他希望古代玉器研究可以具有古代青铜器研究的水平。[1]1993 年毕业后我入职中央民族学院(1993 年 11 月更名为中央民族大学。为方便行文,下文统称为"中央民族大学",不再额外加注。——编者注)民族学系博物馆学专业任教,1996 年以后跟随林耀华、庄孔韶两位教授在职攻读民族学博士学位。我从本科、硕士到博士阶段都非常幸运,有机会跟随最好的老师学习,但考古学、历史学和民族学三个学科的跨度还是很大的。

李亦园先生在充分了解到我的这些情况后,说他原本也是李济先

---

[1] 潘守永:《李学勤先生与中国古玉研究的新视野》,清华大学出土文献研究与保护中心编《半部学术史,一位李先生——李学勤先生学术成就与学术思想国际研讨会论文集》,清华大学出版社 2021 年版,第 152—160 页。

生选中和张光直先生一起做考古的，但进入考古田野实习之后，身体的不适感加重，在考古发掘现场还生了一场大病，他和另一位同班同学就从考古方向转到民族学（文化人类学）方向，实习指导老师更换为法国学术背景的凌纯声先生。李先生是台湾大学考古人类学本科第一届学生，全班只有三位同学，即张光直、唐美君和李亦园，第二届只有一位同学乔健，都是成就非凡的学术领袖。[1]在这段与李先生"朝夕相处"的日子里，在如诗如画的美景里，在游轮的甲板上，在俱乐部的酒吧茶室，或在小餐厅的游戏室里，我有机会与李先生促膝长谈。先生毫无保留地将自己的学术经历、人生经验传授给我，反复强调说，博士阶段最好只做一件事，而且多学科合作通常不是一个人同时兼做几个学科，而是每人集中做好一个学科，大家合作，否则就太苦了。他也建议我选择一个"标准的田野点"做博士学位论文。在后续的学习工作中，我才慢慢体会到老师们的用意：跨学科的学生要选择能够受到最系统人类学学术训练的学位论文选题。

在宽松的问学气氛中，我对于作为学术工具的方法和能够决定学术思想的视野，逐渐在头脑里有了划分。李亦园先生告诫我的"一个阶段只做一件事"也的确让我受用终身。我兴趣广泛，学术兴奋点经常会改变，该如何具体落实呢？

二、场域、制度与学术选择：博物馆人类学在中国

在以后的学习、教学和研究中，我慢慢发现，从人类学的视角研究博物馆和博物馆实践，可以将我的学术兴趣、已有的学术训练和工作积累很好地结合起来，而我从事的教学工作也属于博物馆学和人类学，满足李亦园先生"在一个领域集中用力"的告诫。我后来有机会

---

[1] 李亦园：《田野图像：我的人类学研究生涯》，山东画报出版社1999年版。

到美国哈佛大学、加州大学伯克利分校留学,才知道我所从事的研究就是博物馆人类学(museum anthropology)。美国人类学学会(American Anthropological Association)中有一个分支就是博物馆人类学学会,国际博物馆协会(International Council of Museums,以下简称国际博协)中则有民族博物馆专业委员会和新博物馆学运动专业委员会。

我在中央民族大学民族学与社会学学院任教28年,除了指导人类学硕士生、博士生外,主要是给博物馆学专业的学生上课。文博教研室在民族研究所和民族学系阶段叫"历史民族学研究室"。中央民族大学在民族学体系中设立博物馆学专业始于民族学系成立的1983年,先招研究生,在民族学方向中招收"民族博物馆"硕士研究生,主要是配合中国民族博物馆的筹建培养专门人才。费孝通、林耀华、吴泽霖等大家都给这个班讲过课。在赴海南进行中国民族博物馆民族文物专项调查时,费孝通先生主讲了调查方法的课程。[1] 第一届硕士研究生大多成为民族博物馆领域的翘楚,如中国民族学学会民族服饰专业委员会的创始主任委员杨源馆长。

1985年,中央民族大学获得教育部批准,新设博物馆学本科专业,1986年正式招生。在民族学教学体系中设立博物馆学专业,是林耀华先生从欧美国家高等教育的经验中总结出来的,它不同于目前我国大多数高校在历史学、考古学体系中设立博物馆学专业的做法,就中央民族大学而言也是沿袭了"研究部"设立民族文物陈列室的传统。在1950—1960年代的研究部时期,中央民族大学的研究部阵容强大,最初由副院长费孝通教授负责,原燕京大学代校长翁独健教授任研究

---

[1] 费孝通:《海南行》,《费孝通文集》第11卷,群言出版社1999年版,第46—60页。1985年费先生给中国民族博物馆赴海南文物调查组讲课的文稿没有收录在第10卷(1985—1986年)的文章中。仅有这篇写于1987年的《海南行》提到,1985年他在广州,国家民族事务委员会组织中国民族博物馆赴海南进行文物征集工作,邀他同行,于是他有海南岛之行。在中国民族博物馆大事记和当时学员的回忆中,大体可以还原费先生的授课情形。

部主任兼东北内蒙古研究室主任，美国国会图书馆原研究员冯家升教授任西北研究室主任，后任北京大学副校长的翦伯赞教授任西南研究室主任，原燕京大学社会学系、民族系主任林耀华教授任藏族研究室主任，清华大学原教务长、社会学系主任潘光旦教授任中东南研究室主任，民族文物研究室由中山大学原人类学系主任杨成志教授任主任，汪明禹教授任图书资料室主任，之后又建立了国内少数民族情况研究室，吴文藻教授任主任。[1] 中苏边界、中印边界勘察时，研究部又设立了资料翻译组。杨成志和吴泽霖被认为是中国民族学博物馆的两位创始人，杨先生奠定了中央民族大学民族博物馆的良好基础，吴先生不仅参与这个博物馆的早期建设，还创立了中南民族大学的民族学博物馆。

因此，我所在的工作单位、学术生活的圈子其实就是中国民族学博物馆的核心圈。在新的时代，与国际博物馆人类学的圈子交流、对话与合作的需求十分迫切。这个任务，可能我是最合适的人选。

2006—2009年，我有机会和杨圣敏、王建民教授一起主持修订"民族问题五种丛书"中《中国少数民族社会历史调查资料丛刊》的工作，在三年多的时间里，在编辑各修订小组的修订稿与相关工作中，与全国从事"民族大调查"的机构、团体和前辈学者陆续建立了联系，培养了深厚的感情。在中华人民共和国国家民族事务委员会的支持下，丁蕾处长和我处置启动了"民族大调查亲历者访谈录"计划，完成了对近300位"民族大调查亲历者"的学术访谈，因此在文献系统整理之外，又获得了丰富的口述史访谈资料和散落在个人手中的文献、照片等资料。在中央电视台特别是汤文靖博士等的支持下，这个访谈采用了同步进行专业录音、专业录像的做法，遵照"知情同意原则"，

---

[1] 杨圣敏：《研究部之灵——几个片段的回忆》，《西北民族研究》2005年第4期；杨圣敏：《新中国民族学之路——从研究部起始的60年》，《中央民族大学学报》（哲学社会科学版）2013年第5期。

形成了访谈录音转录档案、视频原始档案、文字整理稿和视频编辑稿等。这项工作成为我主持国家社会科学基金重大项目"民族大调查的学术回顾、文献整理和当代价值研究"选题的核心资料来源。

此项工作中,一个谜题是,为何中国民族博物馆没有得以建立?甚至在如今的中国民族学人类学传统中,博物馆(学)的比重仍然不高。

熟悉欧美国家人类学发展的同仁都知道,那些人类学重镇都有非常出色的人类学民族学博物馆。哈佛大学皮博迪考古学与人类学博物馆和加州大学伯克利分校的人类学博物馆,藏品总量都超过200万件(套),令人称羡。所以著名人类学家克虏伯(Alfred Kroeber)说,人类学家有自己的博物馆。

回顾人类学民族学的发展历程,特别是审视人类学家、民族学家的职业生涯就会发现,在人类学民族学尚未被大学系统承认为一个独立学科之前,博物馆提供了一个完整的工作环境,是一个可以让对此新兴学问有兴趣的学子求取专业知识的场所。[1] 不仅法国如此,美国也是如此,玛格丽特·米德的工作单位就是位于纽约的美国自然历史博物馆人类学部,网上流传的人类学博物馆琳琅满目的库房照片,有很多拍摄于这个博物馆的人类学库房。[2]

三、民族志方法:新博物馆学和博物馆人类学的视野

弗罗拉·E. S. 卡普兰(Flora E.S. Kaplan)认为,博物馆人类学研究是人类学家围绕"博物馆主题"进行的学术研究,既包括人类学

---

[1] 戴丽娟:《法国人类学的博物馆时代——兼论人类学物件之特性及实证人类学之建立》,《"中央研究院"历史语言研究所集刊》第77本第4分,2006年12月。
[2] George W. Stocking, "Essays on Museums and Material Culture", in George W. Stocking (ed.), *Objects and Others: Essays on Museums and Material Culture*, Wisconsin: The University of Wisconsin Press, 1985.

家在博物馆里所做的研究，也包括关于博物馆的研究。[1] 系统研究美国博物馆人类学官方刊物《博物馆人类学》（Museum Anthropology）的历年主题，会发现博物馆人类学的研究以关于博物馆的人类学为主。其中，对人类学博物馆以及其他类型博物馆的批判性反思研究为近十年来的主流。[2]

在卡普兰对博物馆人类学研究的分类中，前者一般将收集自世界各地的物件（或标本）按照某些人类学理论加以探索，通常进行跨文化比较（也就是比较民族志的研究），提出新说或验证某种学说的合理性。这类研究虽然是广义的"摇椅人类学家"研究的一部分，但由于藏品主要是以往的人类学家在"田野"（field）[3] 里收集的，所以近年来也逐渐被"部分地"视为"田野工作"，也就是在博物馆里进行田野工作。

后者将博物馆视为现代社会的某种现象，将博物馆看作一种社会实践（social practice）形态，而博物馆实践（museum practice）是"正在发生的社会事实"，这个社会事实既是涂尔干主义意义上的，属于总体社会事实的有机部分，也是马林诺斯基文化论意义上的，博物馆具有一定的社会和文化功能，因此也是文化有机体的一部分。[4] 把博物馆组织（机构）看作一种社会的或文化的有机体，类似传统的乡村社会或城市街区，进行为期一年或一定时间的人类学式的科学观察，也就是参与观察，可以成为一种充满浪漫主义情怀的人类学探险。但是，乡村社会通常以一年四季为一个基本生活周期，人类学田野观察

---

1 ［美］弗罗拉·E. S. 卡普兰：《博物馆人类学的理论要义》，牛菊奎、王军杰译，潘守永校，庄孔韶主编《人类学经典导读》，中国人民大学出版社 2008 年版，第 206—218 页。
2 *Museum Anthropology* 是博物馆人类学学会的专业刊物，由美国南加州大学主办。
3 人类学家将自己进行实地研究的地方，通常为具体的部落、村落或街区，称为"田野"。受此影响，民俗学者的调查（或采风）也称为"田野作业"。
4 有关社会有机体和文化有机体的分界与讨论，中英文论述非常丰富，这里不再展开。

需要一年的时间。而关于博物馆的人类学研究需要多久呢？还是一年的时间周期吗？如何进行参与观察呢？博物馆员工视角是最好的观察者视角吗？博物馆的实践过程从收藏实践开始，到建立博物馆机构，藏品入藏与藏品体系，不同学术进路的研究（包括藏品分类），最终以"文化产品"形式呈现出展览和价值传播等，是一个长长的工作"实践过程链"。以收藏为例，博物馆形成一定的特色收藏体系，需要漫长的过程，很多珍贵藏品的入藏都可遇不可求，具有偶然性。展览从提出方案，到文本撰写，到制作、布展和开放，一般需要2—3年，代表博物馆性质、使命和任务的展览一般是基本陈列，需要花费更长的时间。对于以博物馆为人类学田野的博士论文写作而言，花费2—3年的时间进行田野调查，时间成本还是很高的。现有的博物馆民族志研究周期大多数局限在3—6个月，以一年或更长时间为限的博物馆民族志研究也有不少。

主客位互渗的当代民族志方法，要求完成客位立场的观察描述，形成主位立场与客位立场的对话、分析与解释，即在实证主义的学术脉络里，对博物馆实践进行定性甚至定量的研究。文化现象和文化事象，只有建立比较的视角，才能发现"差异"和学术问题。研究博物馆的人类学者，或者在博物馆工作，或者与博物馆有密切的联系，因此他们的学术成果会很快反映在博物馆的具体实践中，这些实践成为后来人类学者研究的内容。简言之，立足人类学和社会学的视野和学术脉络，研究"博物馆实践"，就自然会包括在博物馆里从事人类学和关于博物馆的人类学两个方面的内容主题（有时，这两个看似独立的内容，其实也是相同、相容的）。[5]

无论从哪个角度认识博物馆实践，民族志方法都是很重要的具有

---

5 ［美］弗罗拉·E.S.卡普兰：《博物馆人类学的理论要义》，牛菊奎、王军杰译，潘守永校，庄孔韶主编《人类学经典导读》，中国人民大学出版社2008年版，第206—218页。

标志性意义的学术方法。坚持学术学理取向，注重专业实践操作，兼顾博物馆与当地社群互动，如博物馆人类学研究到底是以物为中心，以人为中心，还是以物—人关系为中心，这些看似无关紧要的话题在人类学的脉络里都具有意义。因此博物馆民族志成为一种方法，当然也是一种学术视野。

博物馆民族志作为人类学者对于博物馆实践（社会现象、社会事实）进行观察、研究的过程记录和结果呈现，从人类学历史发展而言，大致也可以划分为两个阶段：表征他者以寻求科学知识的博物馆民族志研究阶段；多元主体参与以构建平等民主的博物馆民族志研究。

收集异域文化实物，表征他者：博物馆民族志的过去。自 18 世纪中期人类学作为一门相对独立的学科诞生以来，对于遥远他者的想象使得不少人类学家不单选择在其国内博物馆工作，还与探险家、商人、殖民者、传教士等一道，通过互换、买卖、馈赠等交换方式，或诱骗、偷猎、殖民掠夺等不平等交换方式，征集原属于"异文化"（他者）的代表性物品（object），带回殖民母国。这些物品作为"学术战利品"被大学或博物馆收藏，按考古学、人类学、民族学、生物学等现代学科知识分类，并布置排列在固定场所，这些场所就是后来的民族学人类学博物馆。此类博物馆通过代表性物品，寻求学科（subject）的逻辑周延，隐喻属于"历史化石"的遥远人种族群、文化上的"异类"，构建欧美中心主义的自观镜像，更有甚者用社会达尔文主义理论为殖民行为提供合法化外衣。这一时期的许多博物馆既是知识的收藏所，也成了殖民主义的文化庇护所。[1] 后殖民时期对于博物馆和遗产话语权的批判，正是基于此点。

从民族志的书写来看，这些材料多经大量深度田野调查获得，得

---

[1] 潘守永：《人类学家和他们的博物馆》，"中国博物馆公开课"第三讲，新华网"博物馆公开课"频道，2020 年 7 月。

以系统梳理编排，由对应田野日记、图像照片和文献记载得到进一步佐证，人类学"民族志时代"的贡献有目共睹。此外，对人类学家而言，代表性实物的收集也是基本功。无论是摩尔根的文化观，还是泰勒的文化观，都强调实物证据的重要性，类似于动植物标本对生物学家的重要意义和学术价值。晚近以来对欧美博物馆藏品的进一步研究又发现，相当多的藏品属于人类学者与当代人的某种"协作"，并非单向的运动。无论如何，在批判反思的框架下，这类知识精英主导的民族志修辞风格，遇到了前所未有的表征危机。[1]

多元主体参与，世界共融的文化观。当代博物馆民族志对文化想象、民族想象的批判非常激烈，殖民文物归还依然是主流话语，对博物馆哲学影响很大。在博物馆界，寻求新的、思想性的"博物馆的起源"也就是博物馆的"现代起源"成为必然，公共性成为评价现代博物馆的第一选项，也是博物馆的当代思想基础。1960、1970年代，法国发起了一场崭新的博物馆运动——生态博物馆（ecomuseum）运动。法国的环保部部长亲自参与，站在后工业社会的视角重新认识博物馆在当代社会存在的价值和意义，将博物馆看作文化工具，重新探索它具有的可能性，提出在废弃的工矿企业等地以居民自主的方式，围绕普通人生活方式建立博物馆。[2] 这场运动被称为新博物馆学运动。1984年，随着《魁北克宣言》的公布，新博物馆学运动正式成立。

新博物馆学是一种实践理论。作为实践理论，新博物馆学具有三个突出的特征：一是主张居民（本地人）是文化的主人，拥有文化的解释权和决策权；二是文化保护与发展必须很好地兼容和结合，不存在一成不变的文化和社会；三是不同的文化在价值上是平等的，普通人的文化具有和精英文化同等的地位。因此，在新博物馆学运动中出

---

1 [英]斯图尔德·霍尔编：《表征：文化表征与意指实践》，徐亮、陆兴华译，商务印书馆2013年版。
2 安来顺：《国际生态博物馆运动四十年：发展与问题》，《中国博物馆》2011年第Z1期。

现了一大批社区博物馆、生态博物馆、邻里博物馆、移民博物馆等不同主题和类型的博物馆。

新博物馆学对中国的影响是在贵州、广西等建立了生态博物馆。我有机会参与这些博物馆的建设，如广西民族生态博物馆建设"1+10"工程中，我参与了9个馆的开馆剪彩仪式。[1] 对我而言，博物馆人类学探讨必须和生态博物馆的建设实践结合起来。从2002年开始，我先后主持了浙江安吉生态博物馆群建设规划、山西平顺县太行三村生态博物馆规划建设、浙江松阳县乡村（生态）博物馆群规划、浙江舟山海洋渔业文化生态博物馆规划等生态博物馆的"落地"项目。[2] 我在东部地区主持的几个生态博物馆建设，属于回答费孝通先生"富裕之后怎么办"这样的问题，与西部民族地区当时还处于解决温饱问题的情形是很不同的，因此被中国生态博物馆之父苏东海先生称为"生态博物馆的第三代模式"。[3] 对于我而言，作为人类学者参与博物馆实践是自身民族志工作的必要组成部分，也是践行新博物馆学理念的重要机会。

从世界范围看，新博物馆学的影响越来越大，涉及的主题更为深入。受去殖民化、自然主义运动、启蒙批判反思等思潮的影响，博物馆民族志书写出现文化批判转向。民族志撰写的诗学性、文化政治学等维度成为博物馆展览文化研究的主流，博物馆作为知识空间的意象受到挑战，人类学家的民族志记述也不再拥有科学权威性的唯一面貌。博物馆展览被看作一种文化镜像，一种文化展示方式，而博物馆是一种观看文化的方式，也是一种公共媒介和论坛。[4] 人类学博物馆因其

---

1 覃溥：《广西民族生态博物馆的建设及"1+10工程"》，《中国文物报》2005年5月6日第5版。

2 潘守永：《生态（社区）博物馆的中国经验与学术性批判反思》，《东南文化》2017年第6期。

3 潘守永：《"第三代"生态博物馆与安吉生态博物馆群建设的理论思考》，《东南文化》2013年第6期。

4 James Clifford, George Marcus, *Writing Culture: The Poetics and Politics of Ethnography*,

早期藏品具有殖民背景,同时难以避免西方中心主义视角,格外受到"学术的""道德的"审查和批评。[1]在殖民文物藏品归还的浪潮中,人类学博物馆匹马当先。在这个过程中,博物馆人类学逐渐成熟。

当代人类学视野下的博物馆民族志,将博物馆视为一种社会文化事象和一类可持续探究的主题,这昭示人类学和社区参与介入均需面对社会文化变迁和博物馆的不断更新。[2]专注于认识论批判的新博物馆学认为,博物馆专业操作的任一方面——征集、收藏、记录、研究、展览、教育、传播——都被某种认知方式所启迪所渗透。[3]从欧美著名的历史博物馆、科学技术展示中心、艺术馆,到原居民文化展演中心、各类遗产保护区,不同类型的博物馆都已成民族志田野调查研究的地点。詹姆斯·克利福德(James Clifford)将民族志博物馆喻为"文化接触地带",即博物馆专业人员与博物馆藏品之原初社群人们相互沟通协作的空间,开启博物馆物件研究的多向度、多界面接触碰撞对话可能。[4]我的朋友麦夏兰用参与观察介入的民族志方法,分析英国伦敦科学博物馆公共文化制造背后的复杂政治性、机构性协商,将围绕热点公共议题——食品健康卫生安全——的策展机制、成员分工、观点分歧、内部张力、未实现的遗憾等在科学主义和人文主义双重脉络里呈现。她是第一个"将厨房搬进博物馆"的人类学家,使用案例

Berkeley: University of California Press, 1988.

1 Ivan Karp, Steven Levine (ed.), *Exhibiting Cultures: The Poetics and Politics of Museum Display*, Washington & London: Smithsonian Institution Press, 1991.

2 Michael Ames, *Museums, The public and Anthropology: A Study in the Anthropology of Anthropology*, Vancouver & New Delhi: University of British Columbia Press and Concept Publishing Company, 1986.

3 Peter Vergo (ed.), *The New Museology*. London: Reaktion, 1989.

4 James Clifford, "Museum As Contact Zones, Four Northwest Coast Museums: Travel Reflections", in *Routes: Travel and Translation in the Late Twentieth Century*, Cambridge, Mass: Harvard University Press, 1988, pp. 188–219.

是英国饮食文化，一般认为英国有食物但没有"文化"。[1]

2018年我和纽约州立大学波茨坦分校人类学教授兼人类学博物馆馆长溥摩根（Morgan Perkins）在北京合作举办"博物馆人类学工作坊"，通过中外人类学学者的六次对谈，对殖民文物（object和subject之间的规划）、人类学视野下的艺术收藏实践、艺术人类学、博物馆人类学、展览文化、人类学博物馆的未来等进行了深度交流、沟通和讨论。在国际上，我和溥摩根也共同发起"博物馆人类学国际工作坊"，对于遗产的未来可能性进行分享与交流（甚至辩论）。众所周知，如今的遗产类别已经延续到工业时代的遗存，与1972年《保护世界文化和自然遗产公约》签署时的设想大大不同，我们今天的所作所为会给未来带来怎样的影响呢？[2] 我因为参与长江三峡库区民族民俗文物保护规划工作，此后被推荐参与我国《非物质文化遗产法》及其前身《民族民间文化保护法》的起草工作，参与"非遗工程"的起草工作。我因为熟悉生态博物馆，所以在国家"非遗工程"中创新性提出"文化生态保护区"理念，其实它来源于生态博物馆的理念。这个细节之前一直不为人知。非物质文化遗产（简称"非遗"）保护的国际公约共有五位起草人，其中四位是人类学家或有人类学背景。主导了全球的"非遗保护"应该是本世纪人类学对世界的重要贡献之一。我们有幸全程参与。

四、新博物馆学：兼容方法与视野

博物馆收藏的物件具有历史、艺术、科学的价值，三个价值体系

---

1 Sharon Macdonald, *Behind the Scenes at the Science Museum*, Oxford: Berg, 2002.

2 Gwyneira Isaac, Diana E. Marsh, Laura Osorio Sunnucks, and Anthony Shelton, Borders and Interruptions: Museums in the Age of Global Mobility, Mexico City, 7-9 June 2017, *Museum Worlds*, Vol. 7, 2019, pp. 182-199.

构建了以往一个多世纪以来人类学、民族学甚至考古学、历史学藏品研究的主流框架。无论历史文献、美学艺术还是科学价值方面的研究，都偏重静态观察。哈佛大学皮博迪考古学与人类学博物馆倡导的"跨越学科边界"（cross-border）即用艺术、美学和技术的交互视角看待民族志物件，如从技术的、美学的和功能性的多个学科视角研究纺织品，这样的倡议与其说是回到物件的文化和社会语境，不如说是重新创造了当代科学主义和行动主义理论的语境。[1] 詹妮弗·夏侬（Jenniffer Shannon）在研究美国国立印第安人博物馆"我们的生活"展览时，认为展品反映了科层组织、人类学学者与社区合作、博物馆媒介三者的"融合结果"，展览是在三方"协商"之下形成的，展览的生产者、生产过程与展览（产出物）同等重要，[2] 而展出的物件受制于所参与学科，即物件与学理之间彼此成就，难以简单割舍。仅仅研究收藏史而不兼容思想史显然是不够的，这就是物的社会生命史研究的学术意义。[3]

当代人类学视域下的博物馆民族志，至少需要从三个方面来认识博物馆实践：一是作为内容形态，二是作为组织机构形态，三是作为建筑形态。三者当然相互关联，存在互动，但从民族志的视角看，可以独立进行观察研究。作为内容形态的博物馆实践，主要是收藏实践、展示实践和教育实践，这类研究非常具有博物馆"内部性"，即人们常说博物馆是"内容为王"。博物馆作为组织机构形态的存在，在日

---

[1] Francesco Pellizzi (ed.), *Res. Anthropology and Aesthetics,* Spring-Autumn, 2007, Published in association with the Peabody Museum of Archaeology and Ethnology, Harvard University, 2007.

[2] Jenniffer Shannon, *Our Lives: Collaboration, Native voice, and the Making of the National Museum of the American Indian*, Santa Fe, N.M.: SAR Press, 2014.

[3] Ajun Appadurai, "Introduction: Commodities and the Politics of Value", in Appadurai (ed.), *The Social Life of Things: Commodities in Cultural Perspective*, Cambridge: Cambridge University Press, 1986.

常实践的背后，会有突出的时代性、在地性，是某一个时期"科层化"的直接反映。博物馆提供了工作岗位和职业发展方向，个体能动性也是观察研究的要点。据中宣部消息，截至2021年底中国共有博物馆6183座，这里的"博物馆"是指机构形态的博物馆，需要登记注册、完成年检等。对于普通观众而言，博物馆首先是作为建筑形态的存在，是所谓城市地标、文化窗口或市民公共文化空间。

当然，就民族志研究来说，博物馆是为社会大众服务的。大众走进其中，以观众的身份观看展览、参加讲座、参与活动，"消费"博物馆提供的文化产出，与前述三种形态的博物馆实践是并置关系，共同构成博物馆实践过程。此外，博物馆与所在社区、社会发生广泛的联系，特别是生态或社区博物馆，原本就是一个社区，在博物馆实践中将社区整体作为博物馆，社区＋博物馆形态在前述三个基本形态上出现了"形变"与发展。

2020年我参与"中国博物馆公开课"的策划，这是一个向网络观众免费开放的专业课程，我主讲了其中的第三讲《人类学家和他们的博物馆》，现场听众不足百人而网络听众超过70万，文字稿整理发表后，读者超过100万。我从事人类学研究超过30年，迄今发表了110多篇论文，全部作品的读者总数都不会超过100万。2021年暑假，我在这个平台上主持一组5名人类学家的主题课，邀请了纳日碧力戈、庄孔韶、王建民、张小军、张誉腾等知名学者，网络听众超过300万。互联网、物联网新技术已经给整个人类社会带来巨大的变化，网络对于博物馆的影响已经难以预计，疫情更加快了网络社会构建的速度。在此背景下，讨论博物馆民族志的可能性和可行性，也不能忽视虚拟博物馆、云展览等网络形态的博物馆。

纵观整个人类历史，博物馆本身就具有方法论的意义。于我而言，詹姆斯·克利福德提出的博物馆作为交互地带（museum as a contact zone）的理论、麦夏兰提出的博物馆作为社会文化镜像（museum as a mirror）的理论，以及罗伯特·拉姆利（Robert Lumbley）的博物馆是一架"时间机器"（time machine）[1]等，更具有认识论的意义。从认识论上讲，社会与文化之间关系复杂，有什么样的社会就会有什么样的文化，这是社会决定论的观点。社会与文化之间是一体两面，还是互为镜像、互为嵌入，有静态与动态两个观察视角。国际博物馆协会在阐述自身使命时说，博物馆在保持其原始使命——收藏、保护、交流、研究和展览的同时，也在逐步增加新的功能，使自己与所在国家、社区保持更加紧密的联系。今天，博物馆正在寻找创新的方式来解决当代社会问题和冲突。通过在当地举办活动，博物馆还可以倡导和缓解全球性问题，积极主动，努力应对当今社会的挑战。作为社会的核心机构，博物馆有能力在不同文化之间建立对话，为和平世界搭建桥梁，并定义可持续发展的未来。博物馆也不断在更广义的语境中定义自己。因此，方法只是一种工具，视野才决定学术认识和学术高度。

2017年4月18日李亦园先生去世，李先生的公子李子宁教授专程来北京，将李先生生前喜欢的一款领带送给我作为留念，让我非常感动。李先生在三峡考察时曾写过一首小诗，我当时随手记录在笔记本里，今抄录在这里，以为对李先生的深深怀念。

需要说明的是，李先生属羊，考察时同行的田宏亮博士也属羊，于是有老羊和小羊的称呼。还有一个小插曲是，庄孔韶教授在写给李先生的邀请函里介绍了考察成员，田宏亮博士是最后一个，名字前面有一个"和"字，被李先生理解为"和田宏亮博士"。一路上，李先生一直将田博士认作来自日本的"和田博士"，客气地称呼"和田君"。我们偶然听到"和田君"，很纳闷，不知道李先生葫芦里装的是什么药。直到四天以后游船进入巫峡景区，这个误会才得以解除。我们了

---

[1] Robert Lumley (ed.), *The Museum Time Machine: Putting Cultures on Display*, Taylor & Francis Ltd., 1988.

解原委，无不放声大笑，很长时间内都把这件事当成笑谈，给旅途增加无尽的快乐。李先生说，他终于知道他这个老羊呼叫田博士这个小羊，小羊不理老羊的原因了。谈话间，正巧看到对岸有一群山羊在悬崖上觅食。属羊的田博士大声学羊叫，一开始小羊完全不理，李先生也跟着起哄，山上的群羊很快呼应。刹那间，李先生口占打油诗一首：

   船上的老羊叫船上的小羊，小羊不理；
   山上的老羊叫山上的小羊，小羊泪汪汪。
   船上的小羊叫山上的小羊，小羊浑不理；
   船上的老羊叫山上的老羊，老羊眯眯笑。

第 2 章　新博物馆学：迈向人的博物馆学

一、迈向人的博物馆学：人的研究作为认识博物馆的方法与路径

一般认为，认识与理解博物馆的方式有三种：作为建筑形态的博物馆，作为机构和组织形态的博物馆，以及作为产出和活动形态的博物馆。三类认识博物馆的方式（叙事）中，观众也就是人的因素似乎是被忽略的。

作为建筑形态的博物馆，比较容易观察到，也容易理解。博物馆首先是一个具体的建筑，无论是新建的还是利用旧有建筑改造的。这座建筑除了作为物理空间，还具有社会和文化空间的意义。通常建筑本身具有丰富或独特的故事性（或具有被赋予故事性的潜质），于是成为博物馆最直接的外在表征（和表达）。当人们谈论某某博物馆时，第一或最直接的反应即是建筑。从这个角度来看，博物馆建筑具有城市文化地标的意义。作为空间的博物馆建筑与作为内容的收藏与陈列展览之间，是相辅相成的辩证关系。

长期关注博物馆建筑的学者和专家常常对博物馆建筑提出严厉的批评，认为迄今为止没有哪一个专门设计建造的博物馆建筑能够完全满足博物馆的功能和发展要求。[1] 相反，一些利用旧建筑改造而成的

---

1 ［英］罗杰·迈尔斯、［墨西哥］劳拉·扎瓦拉：《面向未来的博物馆：欧洲的新视野》，潘守永、雷虹霁译，北京燕山出版社 2007 年版。

博物馆，其与博物馆功能要求的关系似乎更和谐，契合博物馆的需求。人们最喜欢举的例子是法国奥赛博物馆。如果市中心的一座火车站改造为博物馆后令人惊喜，那么一定是我们在理解博物馆建筑上忽略了什么。博物馆畅销书《八十年代的博物馆》《有影响力的博物馆》的作者，英国学者肯尼斯·赫德森（Kenneth Hudson）在谈到法国蓬皮杜中心时声称"这是一个不必要的博物馆"，来讽刺当时被视为"巨无霸"的工业风格建筑，人到了这座建筑跟前，"感觉像一只渺小的蚂蚁"。[1] 然而，今天回头再来审视这座博物馆，它的建筑似乎已经成了独一无二的博物馆符号！但，这种博物馆建筑批评的学理进路，仍然是需要的、有价值的。建筑必须凸显人在其中的意义，博物馆建筑假如彰显了对人的傲慢，我们的批评也"不能就此止步"。[2]

作为机构和组织形态的博物馆，是人们最熟悉的一种博物馆存在状态，博物馆研究的各种文献中，这方面的论述也是最系统而丰富的。它涉及使命陈述、博物馆类型划分、法律地位、管理模式、博物馆体系、组织架构、管理与经营模式以及社会关系等等。作为非营利组织、文化工具和教育机构，博物馆定义的核心内容一直未有大的改变，博物馆定义也是理解博物馆作为一种机构和组织形态存在的最佳声明文献。不同时期、不同国家以及不同类型的博物馆，就其建筑形态而言，一定千差万别，个性十足，但作为机构和组织形态的博物馆则呈现出最大的通约性即共性特征，甚至可以超越时间、空间和地域传统。[3] 现代博物馆作为组织和机构存在，多样性、多元化是其重要表征，这与博物馆将美术馆、动物园、植物园、水族馆、天文馆等等均包括在

---

[1] Kenneth Hudson, "An Unnecessary Museum", *MUSEUM International*, Vol. 41, No. 2, 1989, pp. 114–116.

[2] Kenneth Hudson, "The Museum Refuses to Stand Still", *MUSEUM International*, 2015, pp. 261–264.

[3] [美]希尔德·海因：《转型期博物馆的哲学观察》，曹岳森译，译林出版社2019年版。

内有关，但更主要的原因是博物馆所依存社会的多样性。国际营销学大家菲利普·科特勒曾经用 diversity（多样性）一词来概括博物馆组织，他说如今给博物馆下定义越来越难，如果一定要用一个词语来概括当代博物馆的特征，那就是 diversity（多样性）。[1] 这一点，也可以从国际博物馆协会 2019 年对博物馆新定义的相关争议中反映出来。关于博物馆新定义的中外论述已经很多，这里无须征引和讨论。

作为机构和组织形态的博物馆，在外部关系中主要受制于所在国家、地区的各类制度、社会文化环境和经济状况。但从内部机制看，博物馆作为机构和组织，普遍实行"科层制"，核心是围绕收藏——展览业务建立起来的"curator 制度"[2]。curator（日本称"学艺员"）是博物馆的灵魂。系统了解一个博物馆作为机构存在的最佳方式，是看其所设置的 curator 职位有多少，且分布在哪些学科与领域。早期的 curator 扮演着"馆长"的角色，是最早的管理和专业人员。随着博物馆的发展以及规模扩大，curator 逐渐成为专业领域的专家和管理者。[3] 西方博物馆的 curator 制度，凸显的主要是博物馆业务工作的逻辑，最初是保管，然后是展览，近年又扩展到教育。最近我们注意到美国、韩国的一些博物馆、美术馆设置了 education curator（或可译为"博物馆教育策展人"）职位。中国博物馆 1950 年代从苏联引进了"三部一室"制，研究馆员属于专业技术职称而不必是管理人员。近年的机构改革更是固化了专业技术岗位与管理岗位的界限，

---

[1]［美］菲利普·科特勒、［美］尼尔·科特勒：《博物馆战略与市场营销》，潘守永、雷虹霁译，北京燕山出版社 2007 年版。

[2] curator 制度是与博物馆同时出现的，类似于大学的教授制度。在日本叫作"学艺员制度"。这个词的中文翻译还需要深究，不是简单的"策展人"可以概括的。从藏品到展览都是 curator 的核心工作。我曾经建议翻译为"部门主管"或"业务主管"，其实不确切，翻译成"研究馆员"也不是很完美。

[3] 沈辰：《博物馆的灵魂：谁是 curator》，《众妙之门：六谈当代博物馆》，文物出版社 2019 年版。

运作机制上与西方博物馆不完全一致。但是，可以明确的是，curator 不仅仅是一种工作岗位或职业，也是博物馆的一项制度设计，是保障其专业水准的关键。curator 分为两个或多个层级，类似大学的教授。这也和英国早先的一个学科只有一名教授制度有关，教授不仅是学术领袖，也兼有学院行政权力。某种程度上，没有完善的 curator 制度，正是中国许多博物馆专业化程度不高的原因。就博物馆业务管理流程而言，每个博物馆都会有自己的特殊性，不同类型的博物馆或各博物馆的具体做法也不尽相同。但博物馆的学术性和专业性是共同的，curator 制度的确较好地保障了博物馆业务的学术性和专业水准。

博物馆得以建立、发展的条件和前提是社会需求，它得以存在的合法性是解决为谁而建，而不完全是做了什么。[1] 但，物质载体所构建的历史记忆，即收藏体系、展览体系，是它区别于其他文化和教育机构的最本质特征。具体而言，作为机构和组织形态的博物馆，都是由这类独特的"可感知的历史"构建起来，这正是叙事博物馆学（narrative museology）最精彩的部分。

博物馆作为机构的发展历史中，单一主导学科（subject-matter disciplines）建立的藏品类型与业务工作模式，占据最长的时间。这些主导学科只是"百科"中很少的一部分，主要有历史学主导的历史博物馆、生物学主导的自然历史博物馆、艺术史主导的艺术（美术）博物馆以及人类学（含考古学）主导的人类学民族学博物馆。这些主导学科都属于人文学科范畴，质性研究是其学科方法论基础。博物馆学理论家彼特·冯·门施（Peter van Mensch）说，当博物馆学成为独立学科的时候，这些单一主导学科控制博物馆的局面才被打破，带来了博物馆组织机构的变革。[2]

---

1 [美] 史蒂芬·威尔:《博物馆重要的事》，张誉腾译，五观艺术事业有限公司 2015 年版。
2 Peter van Mensch, *Towards A Methodology of Museology*, Ph.D thesis, University of Zagreb, 1992.

在机构评价体系中，如我国实行的博物馆定级评价，定性分析仍然是主要的指标体系，但量化指标已经开始占据重要位置。

博物馆的第三种存在方式，就是知识生产—消费的机构与场所，它和第二种存在方式一起共同构成了"单位"。所不同者，第一种存在和第二种存在，博物馆是被生产对象；第三种存在，博物馆是生产者。它的用户就是形形色色的观众。无论将博物馆视为文化工具还是教育机构，博物馆的核心产品都是展览和相关活动、演讲、展品租赁等。所谓包容性的、融入式的、体验性的博物馆产出（outlet）探索，并不是基于量化研究的结论性认识，而是基于定性的研究。

博物馆"以人为本"的认识，与冯·门施倡导的打破单一主导学科主宰制的博物馆学方法论，是有密切关系的。国际上将这类研究称为批判博物馆学（也包括批判遗产研究），属于新博物馆学的范畴。[1] 迈向人的博物馆学，突出强调了博物馆的第三种存在，但对于第一、第二种存在，也起到促进系统反思的作用。

博物馆建筑交给大众之后，就不再属于设计者和建造者。大众关于博物馆建筑的认知、理解，特别是由此形成的传播叙事，无论与设计意图一致、冲突还是错误，都构成一个延绵不断的博物馆建筑叙事。当然，设计者和建造者也可以以普通人的身份参与这个大众叙事。从知识生产的角度看，作为叙事博物馆学核心构成之一的博物馆建筑叙事（严格说来，应该是叙事的博物馆建筑，或叙事博物馆建筑，即narrative museum architecture），主要由独一无二的（趣味的或"恶趣味"的）故事构建起来。如苏州博物馆就是一个好的叙事建筑，山东博物馆似乎就不是。"恶搞"是当代叙事的一个特色，是大众对建筑"恶趣味"的反叛。

---

1 Anthony Shelton, "Critical Museology", in Sandra L. López Varela (ed.), *The Encyclopedia of Archaeological Science*, John Wiley & Sons, Inc, 2018.

从叙事博物馆学视角理解，关于任一博物馆建筑的叙事，都是观众可感知的故事。可感知的程度当然不同，但也无法用计量方法或策略取得。一个故事、一首诗歌（打油诗）、一首词、一支曲、一段魔幻影像、一则笑话、一个理论、一条注解或一项计划等，都成为可感知的故事。当下的我国博物馆界，质性研究作为理性工具的功能发挥不够，大家认可度高的研究论文通常是"对策"或"策略"式研究，要么沦为工作介绍或总结，要么不普遍适用，研究者学术训练不够，难以做到得心应手。

传统博物馆和博物馆学的发展，是以"物"的收集、保存、研究、展览、教育和传播为核心的，而新博物馆学关注的是以人为核心，即人的因素是博物馆发展的关键。尽管如此，新博物馆学也并非不关注或忽视"物"的因素。

二、叙事博物馆学：人的研究的社会维度与质性方法

2008年以来，随着博物馆免费开放政策的推进以及博物馆分级评价与年度运行评估的开展，观众研究已经得到普遍重视。运用不同技术路径和方法进行的观众研究成果呈逐年上升趋势，各馆也逐步建立起自己的观众数据库，绝大部分一级博物馆每年出版观众研究专题报告，有深度的研究逐年增多。

据初步统计，观众研究的论文（含学位论文）、报告（含年报的观众统计）自2008年至今，已达720多篇（种）。这些论文的作者从知名教授、博物馆工作人员到大学文博专业的学生，学位论文有博士学位论文、硕士学位论文甚至本科学位论文，似乎观众研究是一个完全没有学术门槛的领地。分析这些研究成果，我们发现，他们采取的主要研究方法和策略是定量的。事实上，在计算机如此普及的今天，定量研究更便捷，更有优势，方法技术路线也越来越成熟。而定性研

究则明显较少,或者说高质量论文很少。

系统分析发现,前述定量研究以简单的人口学统计与分析为主流,研究涉及性别、年龄、学历、收入水平,有的加上"满意度"等态度判断问题。总体看,绝大多数此类研究涉及的问题都还比较浅表,不仅缺乏研究深度,而且与博物馆核心业务工作的"对接"也没有做好。更不用说立足当代学术前沿,将研究博物馆观众获得的认识用于认识社会文化或人群行为,包括社会性别、家庭关系、族群认同、人口金字塔结构以及文化消费习惯等。在消费主义研究与大数据如此发达的今天,依靠仅仅几百或几千份问卷获得的认识是非常有限的。2015年以来,我国博物馆观众数量呈几何级增长,2019年全年观众数超过11亿人次,大部分的一级博物馆观众数都在百万以上。观众调查的样本数多少最合适?问卷设计的模式化与个性化之间如何平衡?这些问题的社会意义如何,也就是说这些研究的问题意识是什么?都是没有经过严格学术省思的。

以家庭收入为例,我国并没有严格地以家庭为单位统计收入、消费以及税收。在中国的家庭文化中,家长通常也不与孩子分享这些信息。我们在陕西历史博物馆、苏州博物馆、常州博物馆、中国国家博物馆等的研究实例支持了这个判断。2019年在常州博物馆儿童调查中,我们尝试将"家庭收入"一项由选择具体数字改为主观判定,即"你认为你的家庭属于特别富裕、富裕、一般,还是贫困?"。现场调查观察到的结果非常有意思。绝大多数儿童倾向于在第一、第二个选项中选择,而大部分家长则将孩子的选择修改为第三项,有的儿童和家长争执,坚持至少选择第二项。[1]

---

[1] 常州博物馆、中央民族大学多元文化研究所:《常州博物馆儿童观众研究报告》,执笔:付丽、杨赛,2019年。

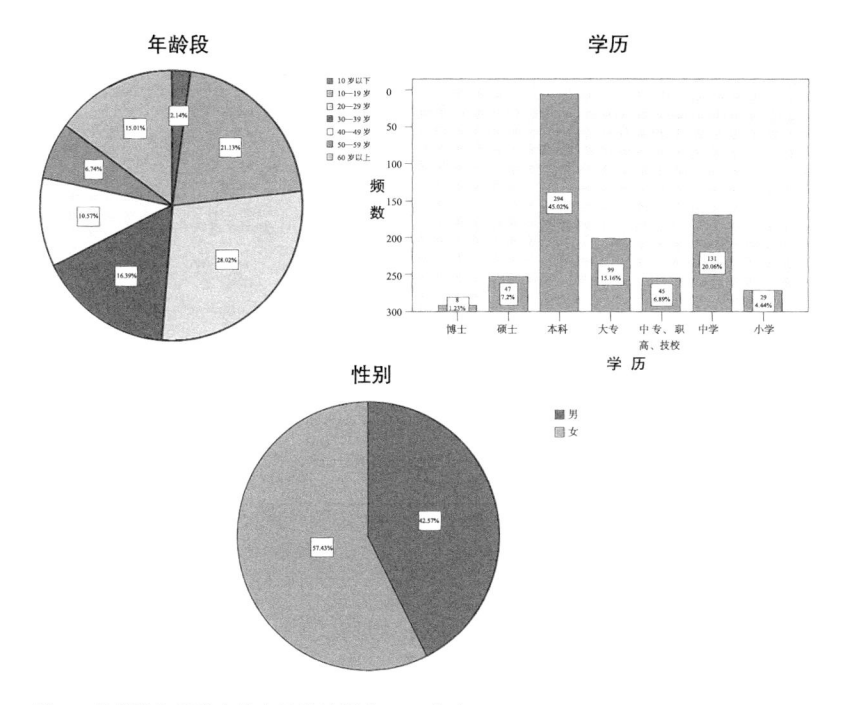

图 1 常州博物馆观众的人口学特征（2019 年）

质性研究和定量研究原本不存在孰优孰劣，方法的选择以合适、有效为前提。但大部分研究者或团队倾向于选择自己熟悉的操作策略，而不是基于研究信度和效度之间的平衡。

国际上，博物馆观众研究（包括博物馆教育）也是博物馆研究成果中数量最多的。在有关博物馆学核心文献的讨论中，观众研究议题所占比例接近 14.9%，博物馆教育与学习研究占 14.7%，两项合计 29.6%，接近三分之一。被引数前十的文献是《博物馆体验》（1992）、《卓越与平等：博物馆的教育与公共领域》（1992）、《面向新世纪的博物馆》（1984）、《远离：为什么人们选择不参观博物馆》（1983）、《博物馆与观众体验》（1977）、《这是你要的陪伴：科学博物馆中与学习相关的 11 种行为的社会决定》（1987）、《心智框架：多元智能理论》（1983）、《博物馆观众评估：博物馆管理的新工具》（1987）、《确定展览有效性的策略》（1968）、《科学博物馆中家庭群体的行为》（1986）、《在互动环境中的学习：先验知识和新经验》（1995）、《为博物馆展览中的人做计划》（1993）。显然，博物馆教育和观众研究占据了半壁江山。[1] 当然，这个博物馆学核心文献主要基于欧美国家的英文文献统计，没有德语文献，更没有中文文献。[2] 但如果系统分析中文文献，可以获得类似的博物馆学核心文献吗？会是怎样的面貌呢？

在英文核心文献中，质性研究占据主流，观众研究文献也是如此。高被引的两位人类学家格雷本（Nelson Graburn）和伊万·卡普（Ivan Karp），都是当今人类学界非常有影响力的学者。

检索中文文献发现，观众研究的定义已经被严重窄化。最常见的定义是，观众研究是运用人口学基本原理，研究博物馆观众构成（性别、年龄、职业、文化程度、居住地等）、参观次数、参观频率和观众数量周期变化等现象的发生、发展过程及其规律、原因的领域。在这里，观众研究被认定为人口学的一个分支，但观众研究并不与人口学的基本问题以及前沿议题形成学术对话。[3]

以此为主导的博物馆观众研究，主要依据的定量方法假如没有定性认识作为基础和前提，其与人口学、社会学甚至管理学等学术范式下的前沿目标就会越来越远。

---

[1] Anthony Shelton, "Critical Museology", in Sandra L. López Varela (ed.), *The Encyclopedia of Archaeological Sciences*, John Wiley & Sons, Inc, 2018.

[2] Jay Round, "Is There a Core Literature in Museology?", *Curator*, Vol. 44, No. 2, April 2001, pp. 194–206.

[3] 博物馆学专业教育是从1980年代开始的。21世纪之前，观众研究只是博物馆教育的一节内容。最近15年以来，观众研究和博物馆教育在不少大学是不同的两门课程。诸多大学教学中，博物馆观众研究的定义都是基于人口学理论和原理设计的，部分是基于教育学的学习理论和传播学原理。人类学、社会学、心理学三个行为学科的研究模型明显不够。

博物馆效益评价、观众研究中定量方法已经取得的成绩，应当肯定。但是，这类研究成为主流而叙事性的博物馆学方法却被日益边缘化，这一状况不能令人满意。

艾琳·胡珀-格林希尔（Eilean Hooper-Greenhill）提出，在"后博物馆"（post-museum）时代，人们"再度通过想象博物馆可以成为的样子"来定义博物馆。假如把博物馆定义为重要的教育机构，那么从"校准文化"的角度看，博物馆的学习包括了如下五种能力：知识和理解、技能、乐趣灵感创造力、态度和价值、行动行为和进步。这五种能力也是当代通用学习成果的评价框架。用统计资料来表达某类机构价值的绩效研究，已经成为国家、行业进行拨款的主要依据。但博物馆作为文化组织兼教育机构的社会价值和复杂目的，与"被数据浸透"的效果研究之间，常常难以匹配。[1]

我个人的学术背景是文化人类学，这里重点介绍人类学理论和方法脉络下常规的质性研究方法的基本进路，便于明确未来可以有突破的方向。它主要包括社会现象（phenomenology）、扎根理论（grounded theory）、案例研究（case study）、民族志（ethnography）以及历史的与情景的分析解释（historical）。概括而言，质性研究也遵循"提问—假设—方法—证据"的流程。社会现象是指已经发生的社会事实，是可以被观察到、被定义的，即基于实证主义研究逻辑。近年来，"社会现象"一词逐渐被"实践"取代。扎根理论就是寻找合适的理论与解释范式，其四要素是合适（fit）、易于理解（understanding）、普遍性（generality）和可控性（control）。扎根理论在博物馆研究中使用很少。案例研究是大家相对熟悉的，这里毋庸赘言。民族志方法不是民族研究，而是一种实地参与观察和访谈的方法和策略，通俗地讲

---

[1] ［英］艾琳·胡珀-格林希尔：《博物馆与教育：目的、方法及成效》，蒋臻颖译，上海科技出版社 2017 年版。

是"同吃同住同劳动"的体验式研究。博物馆民族志虽然不一定要求以一年为研究周期，但对研究的时间长度也有要求。民族志形成的博物馆日常记录就是民族志文本，也是一种研究方法。历史的与情景的分析解释基于意义建构，是研究者在获得内在观察/内在视角的基础上，形成的对于现象（事实）的解析。这些研究的共同特点就是叙事性。

强调"可感知的历史"是人类的群体属性。叙事（narrative）指在公众中可以像病毒一样传播的故事。这些可感知的历史，能够激起情感共鸣，通过日常交流广泛扩散传播。对于叙事博物馆学而言，一首歌、一则笑话、一个理论、一条注解或一项计划，均属于叙事的范畴。

常州博物馆儿童观众研究中，我们观察到不同代际与父母不同角色的差异。在父亲陪伴和引导的参观中，父亲不参与或不完全参与儿童的参观。在确保儿童安全的前提下，父亲甚至在走廊、休息区逗留，不进入展厅。而母亲的行为完全相反，她不仅全程参与，而且要主导儿童的整个参观过程，指出知识点，检查儿童对知识点的掌握。爷爷奶奶辈陪同参观时，儿童成为主导者，特别是涉及新知识的部分，儿童成为"教师"。此类现象具有某种普遍性，在诸多家庭或亲子"教育活动"中也大致如此，如小学奥数或英语课外班，甚至钢琴等兴趣班，父母与孩子之间的互动关系/角色是很不同的。

上海玻璃博物馆发生的两次儿童"毁坏"艺术作品事件，都有家长陪伴。媒体曾多次对此类问题展开讨论，博物馆如何面对"熊孩子"仍然是一个问题，相关案例研究缺乏深度，也不够系统，难以形成有效的意见建议。

新博物馆学推动下的社区博物馆和生态博物馆实践、当代艺术博物馆的多样化策展运动以及包容性（inclusive）博物馆实践等等，大大改变了现代博物馆的存在形态，新技术的进步带给博物馆多种新的可能，万物互联、人人都是客户端，以及数字媒体的普及、自媒体的发展，重新定义着博物馆、观众以及博物馆与观众的关系。

观众，从 3E（教育 education、知识 enrichment/enlargement 和启蒙 enlightenment）时代的被动受众，到如今主动参与博物馆知识生产的全过程以及参与定义自己，这些革命性的变革，在认识论和方法论两个方面对一个世纪以来特别是最近 50 年来形成的观众研究提出了挑战。概括而言，挑战的核心是博物馆必须面对越来越注重体验、个体感受以及主体性表达的观众。观众研究中甚至出现了将听众（audience）、用户（user）、来馆者（museum-goer）与观众（visitor）严加区别的倡议和做法。虽然这未免矫枉过正，但广义的观众的确包括上述诸多人群，他们的目的、诉求也显然不同。将来，这类区分也许与今天人口学意义上的分众一样很有价值，但对当下的博物馆观众研究而言难以执行。[1]

阿伯克罗姆比与朗赫斯特认为，观众研究在过去的 50 年间大致经历了三种学术范式，即行为主义范式（the behavioral）、合作/对抗范式（the incorporation/resistance）以及演出/表演范式（the spectacle/performance）。[2] 陈雪云也有类似的表述，即 1920—1950 年代的行为学派，1960 年代的人文心理学派，1970 年代后的诠释批判学派以及当代的后现代学派。[3] 长期服务于美国史密森博物馆群的尼尔·科特勒认为，传统博物馆重视文物，属于"收藏导向"；现代博物馆重视观众的学习，属于"教育导向"；到了后现代，博物馆更重视观众本身的动机、需要、期待和体验，属于"体验导向"。[4] 这些认识和分

---

[1] Theopisti Stylianou-Lambert, "Re-conceptualizing Museum Audiences: Power, Activity, Responsibility", *Visitor Studies*, Vol. 13, No. 2, 2010, pp. 130–144.

[2] N. Abercrombie and B. Longhurst, *Audiences: A Sociological Theory of Performance and Imagination*, London: Sage Publications, 1998.

[3] 陈雪云：《台湾博物馆观众研究回顾与展望：从现代到后现代主体》，王嵩山主编《博物馆、知识建构与现代性》，自然科学博物馆出版社 2005 年版。

[4] Nile Kotler, "Delivering Experience: Marking the Museum's Full Range of Assets", *Museum News*, Vol. 78, No. 3, 1999, pp. 30–39, 58–61.

析整合了研究主旨、问题意识和技术方法，并注意到了不同学科的特色，但过于线条化，同时忽略了研究手段的进步，特别是新技术带来的一系列变化。伯纳德·希尔对博物馆观众研究的历时性总结，更胜一筹。[1]

随着数据处理的机械化以及人文研究的数字化（数字人文）发展，注重个性化的人文学科和注重规律、一致性的社会科学被重新加以组织，各种交叉学科异军突起。博物馆学具有典型的交叉学科属性，在这样大的学术背景下能够作为一个独立学科而存在。一直到今天，博物馆学自身也尚未形成学派，很难用学派传统或学术流派来指称，最多是某时的主流思潮在博物馆研究上的折射或表现而已，博物馆学也难以引领人文社会科学或信息学科哪怕点滴的进步。这些方面，是几乎所有观众研究的回顾与评述中都容易忽略的。这里需要特别指出的是，今天人类的各种动作，包括学术生涯，都被各种"机器"定义。人创造了机器，机器又反过来定义了人，人本主义的回归其实不可能。

不同时期对重要和焦点议题的认识，的确反映了观众研究背后学理思路的变化。这种基于对理性启蒙思潮批判视角的人文学科和社会科学，是总体性的而非局部的。观众研究概念的变化，对研究范式提出的诸多挑战，并非单一学科性，而具有某种共同性，诸如族群与身份认同、社会性别政治、地域与文化格局、文化获得与满足感、发展需求以及环境正义、气候议题和动物权利等等，都是在后现代学术脉络下的表演理论范式。它涉及权力（power）、活动（行动，activity）以及责任（responsibility）。[2]

思考这些问题，希望部分回归人本主义，部分逃脱数字迷思，无

---

[1]〔加〕伯纳德·希尔：《博物馆观众研究简史（一）——20世纪60年代以前》，李响、楚惠萍译，刘萱校，《自然科学博物馆研究》2020年第1期。

[2] Theopisti Stylianou-Lambert, "Re-conceptualizing Museum Audiences: Power, Activity, Responsibility", *Visitor Studies*, Vol. 13, No. 2, 2010, pp. 130–144.

疑催生了叙事博物馆学。也就是说，叙事博物馆学并非无中生有、空穴来风，也非生搬硬造。叙事博物馆学的提出，的确受到诺贝尔经济学奖获得者希勒的"叙事经济学"（narrative economics）启发。希勒认为，经济学需要从数学迷障中回到分析人的社会与经济行为，并对新的经济学研究范式提出两个主要观点：一是人的行为不符合新古典主义的理性假设，二是经济波动主要受到叙事的影响。他列举了比特币的例子，说明"可感知的故事"是促使人们经济行动的逻辑。这些鲜活的历史细节，不仅丰富了人们对过去经济事件的了解，更是理解人类经济规律的指针。[1]

可感知的故事的传播，会推动重大经济事件的发生。博物馆的发展也会如此吗？疫情以来，人们对博物馆的认知发生了一些变化。世界各地的实体博物馆纷纷闭馆，网上博物馆、云展览"异军突起"，博物馆存在的三种形态受到挑战。面对每天更新的感染人数，这些统计意义的数字都是由一个个具体的个体——有名字、年龄、职业和诸多社会符号——所建构的意义整体。博物馆已经做了许多的改变，这不正是叙事博物馆学诞生的最佳时机吗？

2020年4月27日，英国文化协会程志宏女士就"疫情对博物馆的影响"提出了如下五个问题：疫情对博物馆行业有何影响？政府采取哪些措施支持恢复？业界又采取哪些措施努力重建？有哪些创新实践因此而产生？业内对国际合作的规划如何？

我们更愿意回到叙事博物馆学的脉络中回答这些问题，当然程女士和她的团队提问的方式也偏重"叙事性"。回到"人本"，将数据还原为具体的历史事件，研究这些可感知的历史如何通过博物馆传播、其形成机制等，就是叙事的博物馆学。

---

[1] Robert J. Shiller, "Narrative Economics", *American Economic Review*, Vol. 107, No. 4, 2017, pp. 967-1004.

最后，需要再列举当代艺术策展的一个例子。上海的王南溟、马琳等倡导并践行"艺术进入社区""社工艺术家""社工策展""边跑边艺术"等新美术馆学实践，提出培育"社工策展人"的目标。在上海宝山区的社区艺术策展中，艺术家和居民合作把一个公共厕所"装扮"成了具有艺术气息的空间，不仅拓宽了艺术家的创作平台、媒介，也激发了社区的艺术想象力、艺术的可能性，这间厕所成为本地最有故事的厕所，甚至被某些机构评为上海"最美厕所"。在宝山区庙行社区的社工策展中，"浮云"展和艺术文献展被布置在了一间最初被设计为广场公共厕所而后改造为图书阅览室的空间里，这个"浮云空间"是由艺术家和市民共同策展并设计制作的。布展后，策展团队以及本地政府官员都争相在这里合影，摆出吹云、托云、追云、捧云等造型，延伸出更多的参与可能，在社交媒体中引发一拨"与云在一起"的图像故事。从主场地的文化中心要穿过一个小花园才能到达这里，艺术家邀请市民一起在小花园做了两项装置设计，第一个是"庙门书架"，市民可以将家里多余的书拿来交换，艺术家和社会学者也把自己的书送给市民。庙行得名的庙早已荡然无存，但人们的记忆通过这个装置被唤醒。第二个是艺术家现场在穿衣镜上为市民和观众画肖像。由于形式新奇且具有高度参与性，镜子前挤满了老人和孩子，他们惊讶地发现，艺术原来距离自己这么近。这个街头小公园以绿植、花草为主，很少布置休闲座椅，"人人都是艺术家"活动赋予这里更多艺术性的可能，也就有了独一无二的故事。社区艺术行动是试验性的，与新民艺、艺术乡建都有可以结合的地方，也为回应与思考叙事博物馆学提供了更多可能。

这些"故事"无疑非常生动而感人，都可以被视为叙事博物馆学的精彩案例。我们要提出的问题是，观众在传统博物馆展览和活动中，可以获得相同或相似的待遇和经验吗？体验性（experimental）、包容性（inclusive）与多元对话，才是新博物馆学范式的基本要求。后现代主体性的博物馆观众，需要研究者更细致耐心地了解、沟通。同时，后现代的博物馆观众研究更应关注观众的体验，以及与地方、社区的互动。

如何重视人的主体性表述，而不是统计数字意义上的观众满意度，需要叙事博物馆学的发展。公共博物馆出现于现代欧洲，教育是其身份的重要组成部分，而教育是有基本门槛的，哪些人被排除在门外，又有怎样的可感知的故事？最近，人类学、社会学主张寻找疫情中的"隐形受害者"，对叙事博物馆学研究而言，也就是要关注、寻找那些没有来到博物馆的"非观众的故事"，通过这些可感知的故事，促进博物馆三种形态的调整与进步。

彼特·萨米斯和米米·迈克尔森在给《以观众为中心：博物馆的新实践》一书中文版撰写的序言中引用了莎拉·布莱恩未曾正式出版的一份报告中的观点，说：

> 我们需要清晰地意识到来馆观众在文化背景和学习范式上呈现出来的多样性，与此同时，我们的展览氛围、阐释策略、基本方法可能与他们文化决定论意义上的学习期望和价值非常不同。随着中国博物馆事业的持续发展与成熟，中国博物馆学界需要发展出一种独具特色的教育方法、阐释策略和管理路径。这种博物馆范式不是对美国博物馆模式的简单借用和挪用，而是孕育于中国多元人口等具体国情中。

叙事博物馆学可以创造中国的博物馆研究范式吗？

三、博物馆的诗学与政治学

命题：博物馆展览的诗学和文化政治。展览的诗学在中国博物馆语境中是一个新词。文化政治和政治学虽然不新，但中国语境下的讨论比较少。其实展览的修辞和诗学是新博物馆学的应有之义，在知识社会学、当代人类学的"写文化"理论和文化研究中，已经被讨论了 20 多年。在博物馆严格遵守"3E 原则"（教育、知识丰富和娱乐）的时代，展览的文本和图像模式，无论哪类，都是知识权威型的。启蒙批判反思以来，后现代理论视野下，出现种种新的批判理论和思潮：依据古典美学建立的博物馆展示美学原则遇到了新的挑战；科学也被视为一种文化现象，[1] 科学主义视野下的民族志标本，被放到科学与人文的交叉视野。这些标本具有美学意义，进而衍生出历史主义价值。2006 年哈佛大学皮博迪考古学与人类学博物馆曾召开一个聚焦民族志博物馆的跨界与跨学科会议，倡议研究跨界和多学科视野，对人类学博物馆的各类民族志和考古学标本重新审视，超越"科学的藩篱"。芝加哥大学出版的专刊《人类学与审美》（*RES:Anthropology & Aesthetics*）以"博物馆：跨越边界"（Museums: Crossing Boundaries）为名刊载了会议论文。著名考古学家兼馆长费什（Fash）夫妇联合发表演讲，介绍皮博迪博物馆如何进行跨界研究和合作，讨论了人类学与艺术、纺织研究的交叉。[2]

博物馆跨越边界，也是国际博物馆人类学界近年来热衷于讨论的一个重要议题。跨越"边界"有多重语义，一是不同学科知识壁垒造成的边界；二是不同类型博物馆业务规范的边界以及博物馆内部不同业务部门的边界；三是社会文化和政治构成的边界，如民族—国家边界。全球化下的身份流动已经是常态，博物馆员工的多元和多样也是

---

[1] Sarah Franklin, "Science as Culture, Cultures of Science", *Annual Review of Anthropology*, Vol. 24, 1995, pp. 163–184.

[2] William L. Fash and Barbara W. Fash, "Boundaries Crossed at the Peabody Museum: The Interplay of Anthropology, Art, and Textual Studies", in *RES:Anthropology and Aesthetics*, Autumn, Vol. 52, 2007, pp. 28–36.

常态。此外，特朗普时代，美墨边界设置了"边墙"，跨越边界又多了一层含义，博物馆不应因国际政治而画地为牢，要多创造跨越边界的活动和行动。由美国自然历史博物馆格温内拉·伊萨卡（Gwyneira Issac）主持倡议的"跨越边界：博物馆人类学工作坊"，2013 年的主会场设置在墨西哥城，来自欧洲、加拿大、美国、巴西、墨西哥和中国的 20 多位学者与会，笔者有幸作为发起人之一参与这次活动。[1]

当代博物馆通过展览和活动呼应社会关切和热点议题，1970 年代出现的教育策展人做法，尝试从观众导向入手策划展览，改变了"研究馆员—策展人为中心"的组织形态。按照不同学科专业建立起来的 curator 制度受到了一定的挑战，"物的博物馆学"正在迈向"人的博物馆学"。后来的"包容性博物馆运动"还邀请大众写说明文字，甚至参与展览策划。博物馆从内部结构到外部组织形态都发生了一系列改变，博物馆展览的美学原则、展览阐释（"释展"）和行政管理方式等也开始调整。

博物馆存在的三种形态与跨越。 如前所述，博物馆有三种基本的存在状态，也可以说博物馆存在的三种基本形态，一是作为物理形态的博物馆，二是作为内容形态的博物馆，三是作为组织形态的博物馆。但对于博物馆这个知识密集型机构，内容形态决定了它的性质和地位。作为知识和文化的生产机构，博物馆以什么样的机构组织形态存在，也是非常重要的，博物馆作为民族—国家的最重要的文化机构，在文化、教育和意识形态等领域，都地位很高，十分重要。

博物馆在知识生产流程中，还可以划分出几种常规的文本模式和图像学模式，这是从参与博物馆的学科角度来分析的。文本模式就是博物馆的叙事方式和规范，在广义上都属于非虚构写作。常规的文本

---

[1] Gwyneira Isaac, Diana E.Marsh, Laura Osorio Sunnucks and Anthony Shelton, "Borders and Interruptions: Museums in the Age of Global Mobility", *Museum Worlds*, Vol. 7, No. 1, 2019, pp. 182–199.

模式有历史学的、考古学的、民族学的、艺术史的以及自然科学的。博物馆叙事或博物馆叙事学，必须立足于实物（物件）。当然，博物馆中收藏的物件（及其组合）是构建博物馆的诸多学科选择出来的，据此构建展览，客观上看会存在"物件的秩序""物件组合关系"，也就是"物的本体"，这实际上是社会文化本体与语境的反映。此外，展览是给观众看的，他们的识读能力（literacy）和习惯也是展览叙事的组成部分。[1] 博物馆社会学强调的，就是博物馆展览与知识—权力结构和观众能动性（agency）的复杂关系。严建强认为博物馆展览要立足信息定位，[2] 这一观点引发李文昌等质疑，存在"非信息定位的展览"吗？[3] 在数字时代，"数字孪生"与"物件本体"难以截然二分，器物（物件）与信息是更为敏感的话题。冯承柏很早就提出了"博物馆信息学"的概念，他从文化遗产信息论的视角出发，所构建的博物馆信息学核心是藏品信息学，与图书馆情报学的信息管理类似，更接近"信息处理技术"。[4]

决定展览面貌的除了文本（脚本），还有物件组合所构建的图像学形式，这里称为图像学模式，有考古学的、民族志（学）的和艺术史的图像学模式。历史学没有自己的图像学模式，虽然近些年出现了图像史学，但在博物馆体系中，历史学的图像分析并非独立的图像学模式。博物馆展览的图像学模式，只是一种经验式的看法，还需要进

---

[1] 潘守永、王思怡、付丽：《叙事博物馆学：再议观众研究的质性方法》，《自然科学博物馆研究》2020年第4期。

[2] 严建强：《信息定位型展览：提升中国博物馆品质的契机》，《东南文化》2011年第2期；严建强：《新的角色 新的使命——论信息定位型展览中的实物展品》，《中国博物馆》2011年合刊。

[3] 李文昌：《博物馆有"器物定位型展览"吗？》，《中国博物馆》2012第1期；严建强：《从器物定位到信息定位——对〈博物馆有"器物定位型展览"吗？〉一文的回答》，《中国博物馆》2012年第2期。

[4] 冯承柏：《"博物馆信息学"札记》，《中国博物馆》2001年第4期。

一步上升为理论分析。[1]文本和图像学（加上展览技术）共同构成博物馆展览本体。

展览诗学与政治学的四个议题。尹凯博士将博物馆展览的诗学和政治学概括为四个核心议题。第一，从社会治理术分析，博物馆的现代起源论中先天具有"规训"的意义，构建了对博物馆价值的批判视角；第二，异文化收藏、展示背后的"文化帝国主义"表征论，构建了社会演化论的批判视角；第三，"后革命主义"思潮和话语实践中，博物馆中民族主义、地方性和历史认同的复杂纠葛；第四，"后现代"解构主义对启蒙思想的反思，以及多元化主义话语的盛行。[2]叶子豪在评述麦夏兰编辑的主题论文集《展览的政治学：博物馆、科学与文化》[3]时，也采用类似的"四大议题"作为分析框架。[4]这两篇分析论文均带有强烈的批判反思的意味，是否说明博物馆展览的诗学属于批判博物馆学的范畴呢？埃姆斯在《博物馆学的中断》一文中指出，在最早的阶段，博物馆实践虽不存在必然的博物馆学原则，但构成博物馆的知识系统源自启蒙运动对理性力量的信念，体现为实证主义和新实证主义方法论的应用，以及将文化和自然的二分法，即一种科学主义的分类体系在博物馆这个场所（场景）中通过具体的"物"（物件和标本）来实践。新博物馆学受后现代主义思潮的影响、反思启蒙主义理性的局限，从而将这些长达一个多世纪的博物馆专业主义实践，也就是curator制度下的博物馆学传统，批判为"一种以欧洲为中心

---

1 潘守永：《人类学家和她们的博物馆》，《艺术博物馆》2021年第2期。
2 尹凯：《人文与理性：博物馆展览的诗学与政治学》，《现代人类学》2015年第3期。
3 Sharon Macdonald (ed.), *The Politics of Display: Museums, Science, Culture*, London: Routledge, 1998.
4 叶子豪：《知识与权力：从政治学视角重新发现西方博物馆的历史》，《文博学刊》2020年第3期。

的独白"（a eurocentric monologue）。[1] 这与克利福德·格尔茨（Clifford Geertz）主张的"一切知识都是地方性知识"异曲同工。因此，博物馆展览的诗学自博物馆出现以后就一直存在，属于一种"自在"而非"自觉"的状态，新博物馆学将其揭示出来，成为可以讨论以及需要讨论的主题。

展览文化。文化是人类学的主题。人类学的定义是研究人类及其文化的学科。"展览文化"中的"展览"是动词，"展览文化"也可以作为名词使用。人类学家伊万·卡普和史蒂文·拉文主编的《展览文化：博物馆的诗学与政治学》一书，是博物馆理论和思想领域深具影响的作品。全书分为五部分，选择了22篇论文，两位主编合作撰写导论《博物馆与多元文化主义》。[2] 这些论文从博物馆展览的诗学和文化政治视角，集中讨论了现代博物馆作为展览文化的场所、形态和行动所具有的多样性和多元主义价值，以及不同文化语境对展览的"约束"。当代博物馆学的核心理论关切是当代社会和当下社会文化的变迁。在社会学/文化研究的意义上，博物馆被推到更前沿、更思辨的层次。不少案例讨论到具体博物馆展览的诗学和政治学议题。尤利西斯博物馆展览分析，就是一个很好的例子。[3]

博物馆作为美学沉思的场所，以往总是"小心翼翼"，而作为一种媒介、平台或论坛，则可以更激进地表达自己。展品—策展—观众不再是单向或单一运动，博物馆背后的学术—知识体系与话语权力等已经难以隐藏。博物馆与社会文化传统、国家—地方结构关系等的互

---

[1] Michael Ames, "Museology Interrupted", *Museum International*, Vol. 57, No. 3, 2005, p. 227.

[2] Ivan Karp and Steven Levine (eds), *Exhibiting Cultures: The Poetics and Politics of Museum Display*, Washington DC: Smithsonian Institution Press, 1991.

[3] John Pedro Schwartz, "The Politics and Poetics of the Museum in Ulysses", *James Joyce Quarterly*, Vol. 53, No. 3-4, Spring-Summer 2016, pp. 287-306.

渗（互为镜像），是一种"嵌入"的结构和长期的过程。从博物馆建筑本身而言，空间、功能和建筑表现与意识形态密切相关，纯粹自然主义的建筑也具有美学意义。文化的建构主义理论，强调博物馆经常被忽视的建筑修辞学的作用。事实上，博物馆建筑在一定程度上形塑了观众体验，体现了建筑对身体形成的控制，展览（结构布局和展线）也是一种身体控制术。在展览的物理性空间、场所与社会文化语境"合谋"之下，展览意义的传达才能实现。所以不喜欢博物馆宏大叙事的肯尼斯·赫德森曾经猛烈批判带有强烈工业主义色彩的蓬皮杜中心，因为在它面前人们像蚂蚁一样渺小，与博物馆的人本主义原则背道而驰。[1]事实上，从博物馆建筑的发展历程来看，博物馆建筑与观众体验的关系，并非一个固定的函数，而是处在能动的变迁过程中。欧洲的博物馆建筑专家在反思博物馆建筑发展史时，提出专门为某个博物馆设计建造的建筑有时候还不如一个利用旧有建筑改造后的博物馆。这里提到的案例特指将火车站改造为奥赛博物馆，这也许不具有普遍性，但博物馆建筑本身的局限与博物馆使用场景的不断发展之间的平衡的确是一个重要问题。[2]博物馆建筑的设计既要面对当下的功能需求，也要思考未来。

博物馆展览的文化政治议题，这里无法展开讨论。博物馆及其展览原则上是道德中立的，但实际上始终要做出道德上的选择和声明，即使在博物馆特别是美术馆的发展历史上，艺术例外免于道德审查，但社会和政治判断也会影响博物馆和展览的走向。在后现代主义之下，一切知识皆属权力范畴。社会政治议题的泛化，对博物馆也构成某种

---

[1] Kenneth Hudson, "An Unnecessary Museum", *MUSEUM International*, Vol. 41, No. 2, 1989, pp. 114–116.

[2] ［英］伊恩·里奇：《一位建筑师对欧洲博物馆新近发展的看法》，［英］罗杰·迈尔斯、［墨西哥］罗拉·扎瓦拉编《面向未来的博物馆——欧洲的新视野》，潘守永、雷虹霁译，北京燕山出版社2007年版，第8—32页。

伤害。亨里埃塔·利奇在《异文化展览中的诗学与政治学》一文中指出，博物馆的研究维度包括空间（公/私、开放/封闭、怪诞/有序）、材料（自然/人工）、历史语境（过去、现在、未来）、文本类型（广义，含标签、照片、展牌展板）、展示技术、收集、物及其意义、展览方式以及博物馆的主体（藏品、策展人、观众）等诸多需要"处理"的关系和话题。对于策展人来说，这是一个非常大的挑战，或者说比以往任何时候的挑战都要大。实际上，从博物馆展览发展史看，虽然不少学者都认为博物馆存在"展览体系"，事实上，展览只是一个形式上的"博物馆存在"，本质主义上的"博物馆存在"并不存在。文化理论家托尼·本内特一直强调"作为展览体系的博物馆"，他借用了"文化丛"（culture complex）中的 complex 一词，把博物馆展览视为一个类似文化丛的"展览丛"（或展览复合体），并运用福柯的理论，将监狱、医院与博物馆进行比较，认为博物馆不仅是物质文化的展示机构，还是一种权力的表达，即博物馆在展览中达到了观看和监视的合二为一，同时博物馆会设置一些规定来"规训"观众，限制他们的行动，以维持展览的秩序。[1]这种"泛政治化"的分析，在新博物馆学中极为流行，因其具有突出的批判意义，在当代马克思主义美学思潮中也占有重要的学术地位。[2]

作为人类学者、民族学者和博物馆学者，笔者花费了几乎所有的时间在理论和实践的动态平衡中探索某种"归宿"。两个多世纪以来的历史学、人类学、考古学、博物馆学和艺术史、艺术批评、美学哲学等，无疑是重要的思想基础和理论依托，但更重要的是不同场景下

---

[1] Tony Bennett, *Museums, Power, Knowledge: Selected Essays*, London and New York: Routledge, 2018.

[2] ［英］托尼·本内特：《博物馆的政治合理性》，赵子昂、强东红译，柏敬泽校，王杰主编《马克思主义美学研究（第10辑）》，中央编译出版社2007年版，第250—263页。

的博物馆实践。博物馆人丰富多彩、不拘一格的行动，才是博物馆延续生存或发展繁荣的根基。因此，从最根本的意义上说，博物馆是一种"社会生命体"，其生存与发展才是博物馆最根本的政治学和诗学。

四、博物馆与可持续发展的社区参与

博物馆发动机。当下的博物馆、美术馆已经呈现出"文化发动机"的功能，社区参与更是从艺术动员开始的。这个方面以往大家都意识到了，但没有表达出来。为什么要讨论博物馆、美术馆的可持续发展？2015年通过的联合国"2030年可持续发展议程"的17项目标中，有7个和博物馆、美术馆等公共文化服务相关。

> 联合国17项可持续发展目标是：
> 目标1 在全世界消除一切形式的贫困；
> 目标2 消除饥饿，实现粮食安全，改善营养状况和促进可持续农业；
> 目标3 确保健康的生活方式，促进各年龄段人群的福祉；
> 目标4 确保包容和公平的优质教育，让全民终身享有学习机会；
> 目标5 实现性别平等，增强所有妇女和女童的权能；
> 目标6 为所有人提供水和环境卫生并对其进行可持续管理；
> 目标7 确保人人获得负担得起的、可靠和可持续的现代能源；
> 目标8 促进持久、包容和可持续的经济增长，促进充分的生产性就业和人人获得体面工作；
> 目标9 建造具备抵御灾害能力的基础设施，促进具有包容性的可持续工业化，推动创新；
> 目标10 减少国家内部和国家之间的不平等；
> 目标11 建设包容、安全、有抵御灾害能力和可持续的城市和

人类居住区；

目标 12　采用可持续的消费和生产模式；

目标 13　采取紧急行动应对气候变化及其影响；

目标 14　保护和可持续利用海洋和海洋资源以促进可持续发展；

目标 15　保护、恢复和促进可持续利用陆地生态系统，可持续管理森林，防治荒漠化，制止和扭转土地退化，遏制生物多样性的丧失；

目标 16　创建和平、包容的社会以促进可持续发展，让所有人都能诉诸司法，在各级建立有效、负责和包容的机构；

目标 17　加强执行手段，重振可持续发展全球伙伴关系。

2030 年距离今天还有些时间，我们需要讨论得再接地气一些。博物馆、美术馆与社区的关系，特别是与艺术活动的目标，与人们对幸福生活的向往等结合，这些都涉及博物馆、美术馆当下的公共性。博物馆文创以及博物馆带动一个地方整体"更新"的案例虽然一直有新闻报道，但总体上看，博物馆与经济的可持续性关系一直都比较弱。换句话说，博物馆在社会经济发展中即使显示出重要的力量，也主要是文化的力量和社会整合的力量。博物馆参与公共性议题，体现为社会责任和社会参与，或发动艺术进入社区（或建立艺术社区），但受制于博物馆的边界，其力量并不能完全发挥。

如何拓展博物馆的边界？ 先从个人的经历和经验说起，这个似乎相对比较简单，其实任何"再叙述"都是基于当下的认识进行的，有"再造"的因素。在某个研讨环节中，几位馆长说自己来自基层美术馆、来自县级馆，我听了很有感触。一个馆的大小和行政级别，目前仍然是制约博物馆、美术馆的核心要件，这在 21 世纪的今天其实有点奇怪。我自己是一个小镇博物馆的名誉馆长，这个馆应该属于镇级馆，全名很长，"湖南省湘西土家族苗族自治州龙山县里耶秦简（古城）博物馆"。龙山县没有博物馆,这个馆承担了县博物馆的部分功能,但它不在县政府驻地,而是位于距离县城100多千米的里耶古镇。考古人员在里耶镇发现了秦代古城,古城的古井中出土了约3.7万枚秦代简牍,其总量比以往出土的所有秦代简牍的总和还要多,因此国家决定在当地建设里耶秦简(古城)博物馆。某年,全省博物馆学年会在这里召开,有两辆来自长沙的大巴车居然迷路了,原本6个小时的车程,实际上用了近10个小时才到达,可见该馆距离中心城市不仅很远而且交通状况不好。这家博物馆作为一个专题博物馆,从历史价值、学术意义上来说,是独一无二的。这些简牍是秦代迁陵县的文书档案,填补了秦代历史的一个重要空白。

对任何一家博物馆来说,所收藏的文物"填补历史空白",并不必然具有对游客的巨大吸引力,要成为旅游目的地还需要完成价值转换,或具备一所场馆/场所应具有的吸引力,即通常说的场馆价值或场所精神。"北有秦始皇兵马俑,南有里耶秦简牍",可以成为吸引大众的口号和本馆的场所价值吗?秦始皇兵马俑已经成为最重要的文化符号、最重要的文化遗产地和旅游目的地之一,借助它的光芒,我们的馆也可以提升影响力吗?"给我一天,还你千年""给我一天,带你感受大秦生活""给我一天,带你穿越到大秦"等,都是博物馆同仁们的好主意,但是,这家馆与秦始皇帝陵博物院在实力、专业水平、综合能力、社会影响力上的距离太大。秦始皇帝陵博物院的年观众超过千万人次,年综合收入10亿以上,我们的馆年观众50万—60万人次,年综合收入不足100万。怎么办?我们主动对接人家,在历史的逻辑中(里耶秦简见证了郡县制,是大秦县政的样板)寻求现实的联系、合作,并与博物院合作举办"大秦县政展",这个展览在西安举办时,短短的展期内,观众超过120万人次。

2019年,全国博物馆的观众总量已经超过11亿人次。除了故宫博物院、秦始皇帝陵博物院这样年观众超千万的馆,其他博物馆的观众量对比这个庞大数字，都会显得微不足道。2018年，里耶秦简（古城）博物馆顺利晋升国家二级博物馆，也有机会和其他大都市的博物馆合作、谋事，这在以前是比较难的。国家二级博物馆是一个非常好的招牌。

还想举一个对比的例子。我的第二个身份是湘西州博物馆第一届理事会理事长。这座地区级博物馆位于州府吉首，比里耶秦简（古城）博物馆行政级别高很多，历史也更悠久。它建立于1950年代，是全州的第一家博物馆，藏品超过10万件（组），新馆建筑面积近3万平方米，但这个馆是国家三级博物馆。博物馆的行政级别、大小并不必然制约博物馆的质量和影响力。英国学者肯尼斯·赫德森曾出版一本《有影响力的博物馆》，入选的博物馆很多都规模很小，所以有影响力、有担当才是我们的目标。

我2018年加入上海大学，之前做了不少地方性的博物馆项目，包括博物馆规划、展览和博物馆运营管理等，其中最多的还是生态（社区）博物馆项目。从国际博物馆和文化遗产发展的趋势来看，这些项目都可以归入广义的新博物馆学运动。浙江安吉生态博物馆群、山西平顺县太行三村生态博物馆、浙江松阳乡村（生态）博物馆群等，我都参与主持规划设计。太行三村生态博物馆其实是很用心的一个项目，团队中有倪威亮、尹凯等博士，社区发动也很到位，至今我和博物馆的村民志愿者张兰还经常微信联系。但是，这个博物馆显然没有安吉生态博物馆群出名。安吉是"两山理论"的发祥地和示范地，现在已经成为中国一种新发展模式的典范。的确，安吉以县域作为整体，强调规划的科学性和前瞻性同等重要，从长三角的整体性位置出发，做出自己的定位，这在1990年代、2000年代，是非常不容易的。县域规划的第一步就是强调生态立县，同时发掘自身历史文化资源，凸显文化引领的价值，再立足社区自身主持和更广泛的参与，和产业结合起来，才能慢慢走出一条发展新路。像安吉县上张村，一开始并没有建立生态博物馆的想法，只是想把文化中心、老年中心和村礼堂结合起来，集中展示传统农业和林业的生产生活方式。参与支持全县生态博物馆项目的县博物馆老馆长程亦胜，老家在上张村，村主任是他的弟弟。程馆长一开始并不看好生态博物馆，村主任却听懂了生态博物馆的理念，自己回到村子就率先行动起来了。某种意义上，村主任带动了县博物馆馆长的热情。松阳县以抢救传统老屋为抓手，对县域内的传统村落做总体规划和保护传承，也是一个很值得关注和肯定的做法。居民调动起来了，思想认识和文化自觉也要同步。在中国文物保护基金的支持下，基金会、政府和村民各出资一部分对典型的传统村落进行了保护和整修。松阳县拥有400多个村子，列入国家级传统村落的超过100个，这在全国都可以说是奇迹。浙江省古建筑设计研究院、清华大学、中央民族大学、同济大学等专业团队为此做了大量扎实的工作。

西南的贵州、广西等地是我原来所在单位中央民族大学的传统田野地点。以露天博物馆形态进行的民族村寨保护和非遗传承，最早从这里发起，也是西南山地遗产活化保护的典范。1990年代，中国在挪威协助下建立生态博物馆试点在这里开始。生态—社区博物馆建设运营的"六枝原则"就是基于贵州的经验。21世纪以来，我有机会参与贵州雷山县达地乡上马路苗族博物馆、小黄村侗族大歌博物馆等的规划和建设，这两个博物馆都有幸成为"联合国千年发展计划"文化产出2.0的一部分。侗族大歌是一种无伴奏合唱，被誉为合唱的"天花板"。唱大歌的社区需要建立博物馆吗？要不要博物馆，大家想法也不一样，但最终决定要建，所以我们把村民的房子改造成博物馆。

通过这些项目，我们学会如何和村民、地方政府打交道。我的专业是人类学，人类学者的研究方法是参与观察、田野调查。对于一般学科而言，要"深入社区"可能并不容易，甚至"进入社区"都是一门学问。当然，个人的身份资本等外在因素在这些项目中也特别重要。

笔者当然还做过更"高大上"的工作，不仅在大学里教授博物馆学、人类学，还参与《博物馆条例》《非物质文化遗产法》的起草以及全国博物馆评级定级的工作。大学里的专业分工和政府里的专业分工常常是一致的，但在基层工作时，文化遗产、博物馆、社工等常常融合在一起，很难用专业、学科来分工，所以对于项目实践和理论探索"双栖"的学者来说，挑战总是处处存在。

文化亲昵和文化强制力。我曾应厦门大学李晋博士的邀请，在南强学术讲坛做了一场演讲，主题是当代博物馆、美术馆的强制性和凝聚力，内容包括对当下艺术社区的学术观察和思考，通过讨论博物馆的强制性与凝聚力的关系，呼应哈佛大学人类学教授迈克尔·赫兹菲尔德（Michael Herzfeld）提出的"文化亲昵性"（cultural intimacy）议题。文化亲昵性和强制性是一组对应的关系，不能忽视。当我们讨论博物馆的价值重塑时，是对博物馆的价值产生疑问了吗（价值不在或发生改变）？从博物馆诞生起，它的核心价值就已经有了，它作为收藏人类发展及其与环境关系物证的场所，教育是它的根本宗旨和使命，所以它不以营利为目的。但，当涉及社区/社群价值时，我们自然发现博物馆的价值确需重塑（re-shaping）。艾琳·胡珀-格林希尔说，博物馆是规制和塑造知识（shaping knowledge）的机构（和组织），霍布斯鲍姆的用词是"传统的发明"（the invention of tradition）与再发明，都立足于传统与当代对立的二元视角。王南溟主张用当代激活传统（时尚激活传统），站在解构"前卫主义"（以及"更前卫"）的视角理解当下。张家港美术馆的"未来非遗"展呈现了"当下即是未来"。各位艺术家和居民共同创造的作品，以及在博物馆展厅里创造的这个展览和活动，都是一种再组织、再阐发。上海的"社区艺术"系列活动（庙行、高境、东昌等社区）、浙江横渡镇社会学艺术节和刘海粟美术馆举办的社区艺术展等，其实都有创造概念、路径以及重塑价值的意义。

"未来非遗"自然也要处理有关价值塑造的议题,我们如何理解当下的艺术展览价值?我做过北京会馆文化展,项目地点位于打磨厂街105—109号,是临汾会馆旧址(临汾会馆有东馆、西馆)。会馆文化是一个非常中国的"基层"文化,只要看一眼北京会馆分布图就会一目了然,都在南城地区,与皇家遥遥相对。几类会馆中,山西的商人会馆最发达。山西商人在明清时期几乎垄断了北京的日用品市场,"开门七件事",即柴米油盐酱醋茶,只有茶是安徽人的天下,其余均是山西商人经营。因此,展览的创意主线就是呈现"历史的原本",但这个主题的历史性实物非常匮乏,因为它们一般属于"常民的物品",与精英文化有一定距离。博物馆展览的核心基于实物收藏体系建立,这个展览基本上是从零开始。虽然北京有全国最高级别和众多的社会历史类博物馆,但它们都不怎么关注这个主题,当然不能形成相应的收藏体系。虽然历史学家已经做了很好的研究工作,但主要是基于文献的研究,实物资料很少,更谈不上系统性。

换句话说,对于普通人的历史,我们的博物馆过去是不够关注的。文化遗产概念的扩大特别是"非遗"保护相关规定的实施,改变了博物馆的总体形态,改变了展览的格调(格局),新博物馆学当然有了用武之地。

在社区艺术的实践中,传统的文物如何进入社区且确保人们能看懂、能喜欢,也是一个很大的挑战。以往的工作人员,特别是策展人,对于展览普遍持较保守的态度。一般概念中,历史的、传统的东西通常不够时尚。过去,在博物馆里,策展人都是不能讨论的。所以传统与时尚如何协调,也是王南溟、马琳团队一直在实践的内容。这样,社区艺术行动中需要处理的几组关系、问题和议题,便在最初的阶段就统筹起来了。事实上,从人类学对文化认识的角度看,平民文化和精英文化、传统和当代(时尚)原本也不是完全割裂的。

最初和王南溟老师讨论张家港美术馆的"未来非遗"项目时,我提出希望湘西的内容，如秦代简牍书法创作、湘西的非遗项目等，有机会在这里展示，形成"君住长江尾，我住长江头"的对话。"非物质文化遗产"的概念很新，是对应"物质遗产"和"自然遗产"产生的概念。《保护非物质文化遗产公约》是联合国教科文组织于2003年通过的，距离1972年《保护世界文化和自然遗产公约》30多年了，可见对遗产的认识是一个动态过程。2021年国际博物馆日的主题是"博物馆的未来：恢复与重塑"，表达对未来的预期，很有启发意义。2014—2019年我和洪堡大学麦夏兰教授参与英国伦敦大学罗德尼·哈里森（Rodney Harrison）主持的项目"面向未来的遗产"，讨论当下遗产实践中概念、内涵和外延的变化与扩展及其后果。1960年代，城市考古、工业考古还是没有多少学者认同的领域，现在英国的铁桥谷、印度大吉岭的铁路等等，都成为世界遗产，核工业废墟等也成了文化遗产的保护对象。这些都说明参与遗产知识生产的学科体系正在发生新的变化，有的变化非常显著。《保护非物质文化遗产公约》的起草者多数是人类学家。过去，人类学只参与"他者"的历史和文化知识生产，这些是在主流知识之外。哈里森等的批判性遗产研究代表了一个新方向，即从底边社会思考遗产议题，从大众视角反思遗产项目的意义。

从消费主义理论视角看，遗产也是一种消费活动，机构用户或普通人对遗产的生产—消费一体性其实没有清楚认知。一般公共文化服务事业研究也都讨论"资本""消费"等的关系，新博物馆学、新美术馆学受此影响，也有诸多讨论，这是布迪厄实践论的学术脉络。

2017—2018年，国际博物馆人类学工作组在墨西哥召集研修班，不列颠哥伦比亚大学（University of British Columbia）的安东尼·谢尔顿（Anthony Shelton）、美国自然历史博物馆的格温内拉·伊萨卡和我都是核心成员。自从非遗成为联合国教科文组织的中心工作以来，博物馆的边界已经被逐渐打破，权威主义的遗产学说也在发生变化。

新形态博物馆的出现就是一个打破博物馆边界的过程。设计任何一个新形态博物馆，都要首先创意一套方法论，虽然总体上还是处理所谓的遗产整体性以及遗产——生活方式的一致性。

五、作为文化中枢的博物馆

博物馆不仅是社会的参与者，更是社会进步的领导者。2019年国际博物馆日的主题是"作为文化中枢的博物馆：传统的未来"（Museums as Cultural Hubs: The Future of Tradition），应该说是沿袭了近十年来对博物馆定位的一贯思路，即博物馆作为社会文化机构应该扮演的重要角色，突出强调了博物馆作为当代社会的积极参与者与实践者的角色定位。博物馆是社会文化的产物，其存在状态和模式是所在社会历史和文化的表征，但它不是被动的结构性反应。博物馆一旦存在，就具有积极的能动性，它是参与者，是社会进步与可持续发展的重要力量，甚至是领导者。

Museums as Cultural Hubs 可译为"作为文化中枢的博物馆"或者"博物馆作为文化中枢"，这是国际博物馆界第一次正式提出"文化中枢"这样的概念。The Future of Tradition 即"传统的未来"，包含了"来自传统的未来"以及"为了传统的未来"几种不同的思考视角。传统与未来的关系是不同文化语境都非常熟悉的话题，在中国这样的发展中国家，社会转型与文化转型一直是主流话语，对于"传统"与"未来"之间的张力或关系，五四以来，人们已经争论了至少100年。博物馆是收藏人类历史以及人类与环境发展物证的机构，让传统成为未来的支撑，让未来可以期待，正是其职责所在。每三年一届的国际博协大会2019年9月在日本京都召开，大会围绕国际博物馆日的年度主题进行讨论，日文写为"文化をつなぐミュージアム—伝統を未来へ—"。中英两种语言的名物化（nominalization，语言学概念，将一个表示动作的动词转换成一个相应的名词来表述。这种转化过程中，词的内在意义已发生变形，由原本主体取向的动态过程，蜕变为客体客观的静态存在）表述，传递出了一种状态、一种倡议、一种略显"本质化""标签化"的取向。相比较而言，日语表达中的"つなぐ"作为一种接续动词，对应中文的"承接、传递、接续"和英文的continue、transmit，似乎更精准。博物馆作为人类未来社会的建设者，应该担当历史责任，扮演重要角色。へ作为一个日文助词，确比英文介词 of 之使用，更具有一层未来导向的驱动性和指向性，背后增添了一种可期的实际行动意蕴。

博物馆"作为文化中枢"，还可以进一步理解。"中枢"（单数hub 与复数 hubs）从英文词源来看，原指轮轴或辐辏的中心。而在众多引申义中，2019 年国际博物馆日主题使用的则是"一个活动、一个区域或网络的有影响的中心"这样的引申义。博物馆作为社会或社区的文化中心、平台或论坛，这是大家都非常熟悉的说法。拉美地区以及我国台湾的某些社区或生态博物馆甚至直接使用"文化中心"或"文化园区"的称呼。文化园区或文化中心，就其空间格局和功能布局而言，通常大于传统形态的博物馆，也就是说，园区中被称为博物馆、展示中心或信息中心的部分，只是此类文化中心或文化园区的组成部分。这个部分就是狭义的博物馆，它是整个园区或中心的"中枢"，也就是"大脑"，类似于医学上的"中枢神经系统"。就个体而言，人的行动受制于中枢神经系统的支配。就社会群体而言，博物馆可否作为整个社会的中枢神经系统呢？博物馆显然还不是"社会变革的发动机"，它至多是一个记忆存储器以及社会批判工具，某种意义上它也是社会创意的动力源之一。

从认识论上讲，社会与文化之间关系复杂。有什么样的社会就会有什么样的文化，这是社会决定论的观点。博物馆"作为文化中枢"，又当如何进一步解读呢？国际博协在其网站公开发布的主题解读，以及时任国际博协副主席的安来顺教授2019年4月下旬在上海大学的专题讲座，系统地做了如下阐述：博物馆在保持其原始使命——收藏、保护、交流、研究和展览的同时，也在逐步增加新的功能，使自己与所在国家、社区保持更加紧密的联系。今天，博物馆正在努力寻找创新方式，解决当代社会的问题和冲突。通过在当地举办活动，博物馆还可以倡导和缓解全球性问题，努力积极主动地应对当今社会的挑战。作为社会的核心机构，博物馆有能力建立不同文化之间的对话，搭建和平的桥梁，并为可持续发展的未来贡献力量。随着向文化中枢的不断转化，博物馆也在寻找新的方式来纪念其藏品、历史和遗产，创造出对后代具有崭新意义的传统，并在全球层面上与日益多样化的当代观众保持密切关联。

这种转变将对博物馆理论和实践产生深远的影响，也促使博物馆专业人员重新思考博物馆的价值，并探寻界定其工作性质的伦理界限。博物馆既是社区的协调中心，也是全球网络的一个组成部分，它提供了一个平台，将地方社区的需求和观点融入全球背景。2019年国际博协京都大会将"重新定义博物馆"作为主题内容之一，就是希望在全球的新视野下系统思考并界定博物馆的性质、宗旨和定位。安来顺教授特别强调了联合国教科文组织的最新建议，要在更广义的语境中探讨博物馆在当下以及未来的种种可能性。

"文化中枢"一词仍然是一个需要审视、省察与思辨（critical thinking）的概念，并非语义明确。詹姆斯·克利福德曾提出"博物馆作为交互地带"（museum as a contact zone）的概念，contact zone 有类似路由器的意思，路由器也具有类似中枢的功能。麦夏兰曾提出博物馆作为社会文化"镜像"的镜子理论。这些理论和新观点在社会文化人类学界有广泛的影响。关于博物馆，阿帕杜莱曾有"物的社会生命史"论述，即物如何进入博物馆，其被收藏、展示的过程所创造的物的社会生命是当代社会的重要表征，这与涂尔干学派关于"总体社会事实"的论述,完全一致。

单纯从字面意思理解,"文化中枢"比"文化中心"更丰富、更饱满,比"平台""媒介""论坛"更具内生动力。中枢是一个系统,接受各处的传入信息,具有整合、加工、处理、传输的综合性功能,也就是说它具有思维运动的特点,符合刺激—反应的动力机制。当然,这一切都限制在人类的文化思维与活动之内。有学者查阅了 hub 作为动力中心这一含义的起源。1858 年,作家奥利弗·温德尔·霍姆斯(Oliver Wendell Holmes)将位于波士顿的马萨诸塞州议会大厦戏称为"太阳系中枢"(the hub of solar system),意指这里已成为主导殖民时代全美甚至全球一切政治、商业与文化活动的动力中心。这是一种文化反讽,类似于今天网络世界将某地说成"宇宙中心"。我相信,国际博协在讨论主题设定时,并没有去了解这位作家的"创意发明",而是考虑到"神经中枢"的用法。博物馆"作为文化中枢",实在是一个非常玄妙的暗示、一种文化隐喻。如果博物馆是文化中枢,它就不仅仅是社会运动的活跃参与者角色,而是比这个更重要的参与领导者角色。博物馆曾经是人类社会历史发展的见证者(清醒的旁观者)、社会记忆的收藏者(历史第一现场)、文化传播者和知识思想的启迪者。近些年人们强调博物馆是社会变迁的参与者,是社会变革的行动者和社会进步的积极力量。

如今,博物馆所扮演的角色正不断发生变化。博物馆不再像过去所理解的那样,是静止不变的机构。它正在用行动重新定义自身,变得更具有交互性,关注社会,关注文化,关注社区/社群需求,更具灵活性、适应性和动态性。

作为文化中枢,博物馆是创造力与知识结合的场所,处于整个社会的中心,有能力建立不同文化间的对话,为世界和平构建桥梁,并为传统的未来发力,定义可持续发展的未来。显然,这个目标的实现,需要博物馆人,更需要全社会的共同努力。每一座博物馆都不是文化孤岛，而是相互连接的整体（社群），作为文化中枢的博物馆，也是当代社会的中枢。

六、文化表征、文化亲昵与博物馆"交互地带"

2017年国际博物馆日的主题是"博物馆与有争议的历史：博物馆讲述难以言说的历史"。博物馆不仅要展示光辉、美好的历史，也要讲述有争议的、不愿意被触碰的历史话题。这不仅代表了博物馆的叙述、表征范围的扩大，也标志了博物馆社会职能的拓展。历史是对记忆施以社会规范的工具，而博物馆中保存的集体记忆根据当下的情境被不断重构、再解释。讲述有争议的历史，意味着博物馆需要积极介入今天社会各类矛盾的化解及冲突记忆的调和，可见，博物馆的社会关注在当今博物馆界的热点话题之中日渐凸显。

今天，社会职能的发挥效率已成为衡量一个博物馆成功与否的重要标准。博物馆不再将自己的角色定位为服务于专家、学者的象牙塔，而是一个供社会大众交流共享的平台、空间。詹姆斯·克利福德使用"交互地带"一词来形容博物馆社会角色的转变。学者们认同作为接触地带的博物馆不仅是一个展示空间、一个收集文物的储藏间，更是一个各种文化观念和经验交流融合的场所，对促进相互理解、推动社会发展变革，发挥着重要作用。无论是克利福德还是之后的许多学者，在运用"交互地带"这一概念时，都偏向于交流、共享的内涵。然而，如同2017年博物馆日主题所界定的，当面对敏感、棘手、有争议的话题时，博物馆如何以恰当的形式介入？

新博物馆学的产生被誉为上世纪博物馆学理论上的第二次革命。其代表人物彼得·弗格（Peter Vergo）在《新博物馆学》一书中将新博物馆学定义为："一种对旧博物馆学、博物馆内部与外部专业普遍而广泛不满的陈述，旧博物馆学的疏失在于过于重视博物馆的方法，而忽略了它的目的，博物馆学在过去很少被提及或受到重视……除非彻底地对博物馆在社会中所扮演的角色予以重新检验——这并非意味着仅仅以更多的增加收入或更多的观众作为标准来衡量博物馆的成败……否则博物馆将会发现自己已到处被人看成'活化石'罢了。"反思博物馆的社会角色，强调社会服务，探寻在当代社会语境下构建博物馆与社会间的新型关系，是新博物馆学理论的核心。正如史蒂芬·威尔（Stephen E. Weil）指出的，"今天，收藏已不再被认为是博物馆价值的首要衡量标准，相反，其社会职能是否有效发挥成为检验一个博物馆成功与否的重要准则"。研究社会需求的现实问题、完善社会教育体系、协调社会矛盾、治愈社会创伤、帮助大众批判性地理解历史和过去、构建多元化的再诠释与再协商的公共沟通领域，都是博物馆实现社会职能的重要议题。

七、博物馆"交互地带"理念的发展

"交互地带"最早由玛丽·露易丝·普瑞特（Mary Louise Pratt）在语言学基础上形成、提出。她解释道："交互地带是一个殖民遭遇的空间，地理与历史意义上相互分开的人或群体在这一空间中彼此接触，并建立持续性联系，而且往往涉及压迫、种族歧视和难以化解的冲突。"之后，这个概念被克利福德引入新博物馆学研究。他认为"传统意义上仅将博物馆作为普遍文化的收藏，价值无涉的贮藏室，进步与发现的场所，人类、科学与民族遗产的集聚地是不够的"。在他看来，博物馆对世界的认知应当采取一种"交互视角"（contact perspective），将所有的文化收藏策略作为对支配（dominance）、等级（hierarchy）、反抗（resistance）与动员（mobilization）等具体历史现象的回应，"这有助于我们正确认识普世主义和特殊主义的口号如何与具体的社会场景联系起来"。

克利福德采用交互视角分析了西方博物馆如何诠释他者文化，为曾经殖民的群体提供互动空间，由此阐述博物馆需加强对非西方的关注和权利的共享。"交互地带"视角下，博物馆是一种不稳定、为不同文化遭遇提供永久性场所的机构，而不再像过去那样被理解为位于权利中心的静态、整体性机构。这个理念契合了新博物馆学思想下对博物馆角色转变的需求，因此，此概念一经引入，便获得了博物馆学者们极大的兴趣，并被不断拓展与再诠释。

里安农·马森（Rhiannon Mason）进一步研究后指出："理解交互地带，应跳出克利福德原设的殖民主义情景，不但突出对原居民文化再现中关注文化交互和他者/自我的构建，也需要放在更加普遍的环境中去理解。"他认为交互地带的视角应延伸至所有类型的博物馆分析思考中。博物馆需强调与学术群体之外的相关利益群体之间的沟通与对话，这就要求博物馆加强与所在社区观众的互动与交流。博物馆内知识的产生、传递不应是单向的，而是双向的。劳拉简·史密斯（Laurajane Smith）进一步补充道："在遗产阐释或者博物馆展览的设计、运营中，一个越来越明显的趋势就是学者向相关利益群体咨询、沟通与对话，倾听社区的声音。当然，这并不是说大众想要什么，博物馆就给他们什么，博物馆还肩负着帮助大众批判性理解过去的社会责任。"于是，有学者利用这一视角分析历史展览被幸存者再诠释的过程，也有学者利用这一视角描述社区博物馆的构建过程。安德里亚·维特科姆（Andrea Witcomb）延伸、拓展了"交互地带"概念的外沿，他使用"对话交互地带"（dialogue contact zone）一词来思考新媒体时代互动媒体创造出的具有对话性质的展览结构；哈丽特·珀基斯（Harriet Purkis）则使用"沟通交互地带"（communicative contact zone）来形容使用非语言形式（如图片、影像、数字等）来塑造互动的博物馆、艺术馆空间。

可见，作为一个流动性概念，"交互地带"经过博物馆学者们的不断再诠释，内涵已更加丰富。它不仅是一个地理空间，也是一个社会空间。同时，作为一种新型视角，它使博物馆空间内的多种要素（尤其是作为主体的人或群体）分析成为可能。

然而，大多数学者对这一理念的理解更多偏向交流、互动、共享的内涵。为此，罗宾·博斯特（Robin Boast）反思道："尽管近年来博物馆的氛围更加民主，但是少数人仍然掌握着展陈叙事如何构建、展品展项如何诠释的主导话语权。不应仅仅看到这一接触空间内产生的各种积极效应，争论、冲突也是需要考虑的部分。"的确，在处理敏感、棘手问题时，与其说博物馆是一个交流、合作地带，不如说博物馆是一个冲突、竞争地带。

八、新博物馆学视野下的物质文化研究

（一）物质文化的基本概念

物质文化（material culture）是文化人类学研究中非常重要的一个概念。相关的语汇有物件、器物（material artifact）、人工制品（artifact）、藏品（collection）等。按照人类学的理解，人类所创造的文化大致可分为三个层次：物质文化、社群文化（或制度文化）和精神文化（或表达文化）。物质文化因人类克服自然并借以生存而产生，主要表现为"技术性的"文化，是人与自然关系的反映。它包括人类在生产、生活以及精神活动中所采用的一切物质手段和全部物质成果，衣食住行所需乃至现代科技，均涵盖在内，所以它的内容丰富多样。[1]

文化研究中，也有学者将文化概括为三种关系（哲学家形象地比

---

[1] 李亦园：《文化的内涵》《博物馆的文化观》，《人类的视野》，上海文艺出版社1996年版。

喻为人类的三种敌人）：人地关系、人我关系和自我关系。人地关系解决的是人与自然的关系，涉及的主要是技术文化层面，当然还包括其他如人对自然的设计等非物质的层次；人我关系解决的是社会的关系，即广义的社会组织和人际关系；自我关系解决的主要是心理层面的文化。在这三种关系之中，第一种关系涵盖的是物质文化的内容，指的是一个民族适应自然环境的生计方式，可表现在该民族生产和生活的各个方面，可以直接观察到。后两者虽不必与物质文化直接相关，但常常借助一定的物质形态来表达，如国家制度表现为政府、法院等机构的设置，而这些机构必须存在于一定的建筑之中，靠物质载体传布命令。又如，家具的研究似乎是非常物质的内容，但有的学者从家具的设计（种类、颜色、高矮、式样）与使用上不仅看到了生活方式的变化，还发现了人际关系的变迁以及人类自我关注程度的提高等非物质的内容。人类学者关于"私密空间"（私人空间）的研究主要借助居室布局、家具样式变化等物质性的内容来进行。[1]所以，物质文化只是人类学研究中的一种分类指标，并不必然表明物质文化与其他文化可以分离。事实上，物质文化研究主要是关于物质客体的文化表述的研究，所以它不仅研究物质客体本身，还要研究物质背后的人的行为，更要研究人的认知问题。[2]

在考古学研究中，物质文化通常指相对于自然物而言的各种人工制品的总和。它具体表现为一定的形态，存在于某一具体的时空之中，反映人类的生存智慧与思想观念，与遗址（site）共同构成人类遗存（remains）。

---

[1] 阎云翔博士关于东北农村青年女性个人生活空间的研究是此类代表性作品，Yunxiang Yan, *Private Life under Socialism: Love, Intimacy, and Family Change in a Chinese Village 1949−1999*, Stanford University Press, 2003.

[2] George W. Jr. Stocking, "Objects and Others Essays on Museums and Material Culture", *History of Anthropology Series*, Vol. 3, Madson: The University of Wisconsin Press, 1985.

综观人类社会的全部历史，人类所创造的物质文化呈现出一种连续的、累积的和进步的特性，因此物质文化的研究有很强的技术史特征。诚然，物质文化的研究与进化论思想密切相关。古代物品的收集源远流长，而代表"远方文化之谜"的民族志物品的收藏与展示，自"地理大发现"之后就已成为某种时髦。与此同时，自然史物品代表了人类在知识上的长度和广度。1683年，牛津大学阿什莫林博物馆（the Ashmolean Museum of Art and Archaeology）向公众开放，这是第一家自然史博物馆。1753年，以博物学家、自然学家汉斯·斯隆（Hans Sloane）爵士的藏品为核心的大英博物馆也对外开放。包括稍后开放的南卡罗来纳州的查尔斯顿博物馆（Charleston Museum，1783年）、费城的皮尔博物馆（Peales Museum，1785年）、哈佛大学的皮博迪考古学与人类学博物馆（Peabody Museum of Archaeology and Ethnology，1799年）等早期博物馆均是所谓的自然史博物馆或人类学博物馆，这是西方博物学的传统产物。早期收集活动有明显的猎奇性和"窥视"（gazing）眼光，欧洲以外的民族文化被视为"异文化"，落后民族的历史被置入自然史的领域。收藏本国物质文化（考古发掘品之外）的博物馆出现要稍晚一些，1849年开放的丹麦国家博物馆民族志部是第一家此类性质的民族志博物馆。汤姆森利用该馆的藏品提出了影响至今的文化发展三期说：石器时代、青铜时代和铁器时代。最近十年以来，这些博物馆面临着"跨界"的新议题，原来的"物件"如今被认为具有突出的美学价值，被视作"另类艺术"或"艺术史"。艺术品被认为具有超越一般物件的实用功能，其创造过程是某种高级的精神活动，因而，艺术从出现之始即被认定为具有现实超越性。

受进化论和唯物主义思想的影响，物质文化的研究曾在社会主义国家受到特别礼遇，一度成为显学。1950年代，第一本关于物质文化的杂志在波兰诞生，当时，"物质文化"被列为一门独立学科。受物质文化研究的影响,苏联在很长一段时间里甚至将"考古学"改为"物质文化史"。这个研究方法特别关注生产工具的发展历史,属于物质文化研究中的"生产工具论",对中国也有很大的影响,特别是历史类博物馆的"历史基本陈列"基本就是"生产工具发展史"。

第二次世界大战以后,美国关于物质文化的研究在传统人类学的基础上有了新的发展方向:一是人类学倾向的物质文化研究与美国学的结合,二是技术史研究的广泛开展。学术季刊《技术与文化》(Technology and Culture)创刊,与科技有关的博物馆也风起云涌般出现。1952年,美国建立了温特瑟博物馆(Winterthur Museum),它与一些大学合作,以多学科方法进行物质文化研究,并培养高级专门人才。1966年,史密森学会(Smithsonian Institution)在华盛顿特区建立了国家历史与技术博物馆(National Museum of History and Technology),成为美国全国性的物质文化研究中心。[1]

1960年代掀起的博物馆藏品归还运动也影响到人们对博物馆藏品的归属与权利关系的认识。与此同时,全球艺术市场的活跃,又大大刺激了人们追逐"老物件""珍宝""艺术"。1970年代以后,受人类学诸种文化研究新理论的影响,物质文化研究更注重人工制品制作者的活动,而不仅仅是分析物品的分类、使用及功能等,即更注重实物背后所包含的"人"的活动及文化过程,因为研究物质文化的目的是了解人类及其社会文化。研究的重点在于人们如何用物品来表征再现(represent)文化,由此对物质文化进行反思。整个1980年代,博物馆藏品一直被学者和观众细致地审视。

1972年11月16日,联合国教科文组织在巴黎通过了《保护世界文化和自然遗产公约》。该公约规定,文化遗产是指具有突出的历

---

[1] Hide Hein, *The Exploratorium: The Museum as Laboratory*, Washington DC: Smithsonian Institution Press, 1990.

史学、考古学、美学、科学、人类学、艺术价值的文物、建筑物、遗址等,并决定将国际公认的、具有杰出和普遍价值的文化古迹与自然景观作为全人类的共同财产加以保护管理,传给子孙后代。该公约于1975年11月17日生效,中国于1985年加入。此后,文化遗产的概念逐渐深入人心,"文化遗产"成为取代"古物""文物"的流行语汇。

人们对文化的认识、理解和表达是多种多样的。人类学家对文化发展和社会进化的看法也不尽一致,如有人认为物质基础是最重要的,另一些人则强调思想观念、象征以及它们抽离物质基础的相对独立性等。前者以怀特(Leslie White)和斯图尔德(Julian Steward)等生态人类学者所主张的"唯物主义理论"为代表;后者以结构主义鼻祖列维-施特劳斯(Claude Levi-Strauss)和解释人类学大师格尔茨(Clifford Geertz)等为代表,强调文化认知和符号体系。格尔茨认为"人是挂在意义之网上的动物",强调意义是人类社会构建的。[1]

人类学家还倾向于将文化分为"现象的"(the phenomenon orders)和"意识的"(the ideal orders)两个方面。马文·哈里斯(Marvin Harris)认为,只有现象的文化才能做科学的研究,而意识的文化只能停留在假说上。正是在这个意义上,他提出了人类学研究中非常著名的"文化唯物主义"(cultural materialism)主张。[2] 这些理论和主张从不同的侧面促进物质文化研究向纵深发展,使得对物质文化的认识有了多个角度和多种理解。

实际上,现象的文化和意识的文化之间也不能截然二分。马林诺斯基(B. Malinowski)指出,文化现象之间是相互联系的,孤立地分

---

[1] Clifford Geertz, "Culture, Material Culture", in David Levinson and Melvin Ember (eds), *Encyclopedia of Cultural Anthropology*, New York: Yale University Press, 1996.

[2] Marvin Harris, *Cultural Materialism*, New York: Random House, 1979. 又 Marvin Harris, "Cultural Materialism Is Alive and Well and Won't Go Away Until Something Better Comes Along", in Robert Borofsky (ed.), *Assessing Cultural Anthropology*, New York: McCraw Hill, 1994.

析某一现象或习俗并不能理解其真正作用，必须把它放入和它共存的场景中再加以解释。例如，某些人工制品一旦完成就会成为未来被肯定或被否定的模型，而它在被制造之初已经打上了"某种意识的印记"。人工制品是文化的产物，无论是物件、传说，抑或是音乐表演，均能被社会的共同成员以多种方式认知和分享。人工制品和知识以及制造技术之间有着千丝万缕的联系，艺术作品还包含审美体验、艺术创造和想象等纯粹心理性的活动。某些人工制品是人们共同经验的产物，融入了共同的情感，成为一种符号。所以，有的人类学家将文化定义为"公共符号"。在这里，物质完全成为文化的载体。[1]

还需要指出的是，人类学中"物质"及"物质文化"的概念与哲学中的"物质"（物质与意识相对而存在）是不同层次的两类概念，也不同于意识形态领域里"物质文化"或"物质文明"的提法。

（二）物质文化研究的三个人类学理论模型

物质文化的诠释（interpretation）现在被认为是知性上的努力。物质是一种形态语言，表现为一定的形态和空间维度；它有独立的历史源流和发展变化，表现为一定的风格特征和时间维度；它还是文化的载体，表现为具体或抽象的文化含义。弗莱明（MaClung Fleming）认为，物质文化的研究一般包括物品性质（历史、质地、制作、设计与功能等）、物品的识别和描述、物品的比较分析、物品的文化分析（物件与其自身文化之间的关系）和解释（文化的价值观）等内容。[2]这些步骤是环环相扣、不可分割的，前四步是具体方法，最后一步是目的。

苏珊·皮尔斯（Susan Pearce）对弗莱明的研究模型有详细评述，

---

[1] Clifford Geertz, *The Interpretation of Culture*, New York: Basic Books, 1973.

[2] MaClung Fleming, "Artefact Study: A Proposed Model", *Winterthur Portfolio*, Vol. 9, 1974, pp. 153-173.

这里不展开介绍。[1]

根据苏珊·皮尔斯的总结，当前人类学对物质文化的认知主要有三个立足点：一是把物件看作物质器物；二是把物品看作符号和象征物（signs and symbols）；三是对物品所涵盖"意义"（meaning）的分析。这三个方面基本概括了人类学对物质文化的认识层次，它们之间并不互相排斥，许多学者也都赞同或持有类似的看法。

首先，任何物质制品都是经人的劳动而由自然物转化出来的，与此相关的研究当然包括物品的质地、形态、性质、技术因素以及存在状态和功能分析等。其中，技术文化的分析和功能的分析占有更突出的地位，前者揭示人与自然关系的进化程度，后者说明同步的文化操作是怎样进行的。对物品而言，既可以单个研究，也可以把它们合成"器物群"来研究。

其次，物品作为文化的符号和象征物，对于认识文化内涵是非常有意义的。按照结构主义人类学的理论，任何物质都有符号的价值，这反映在人们的分类概念里，如男—女、昼—夜、工作—休息、生—熟等二元对立的系统。物质文化的背后总隐含着文化的结构，即文化的语法。如，一件黑色的西装，或许既表示可以用作晚礼服（用途和场合），又表明是男式的（性征）。物品符号化是人类文化共有的现象。人类制造的第一把斧子，既是一件工具，也是权力的象征，也许还具有性别特征（男性）。同样，一件纺锤，既是一种纺织工具，又可能传达劳动或操作者的女性性征。在社会生活中，人们还产生了一系列对物品的禁忌，甚至将某些生物或非生物与自己的氏族部落联系起来，把它当作保护神，并以之作为本氏族部落的标志，即所谓的图腾制度。通常情况下，图腾表现为固定的图案，如印第安人的图腾柱。

---

[1] Susan Pearce, "Interpreting Museum Objects: An Outline of Theory", In Tsong yuan Lin (ed.), *Proceedings of the International Conference on Anthropology and the Museum*, 1995.

在我国，图腾的概念常被误解。考古学和民族学的作品习惯性地把器物上的动物图案称作"图腾"，如半坡文化的陶器上绘有各种变体鱼纹，人们就得出结论：半坡人以鱼为图腾。同样，商代青铜器上有虎、蛇、牛、饕餮、夔龙等实有或神话的动物，这些动物就被看成是商代的文化图腾。这种简单化类比的做法，是错误的。张光直对这种生搬图腾概念、而不问图腾含义和本质的做法，曾提出尖锐的批评，还特别建议图腾一词在考古学上要小心使用。[1]

再次，物品在社会生活中是有一定意义的。一般而言，物品通过完美地展现其意义，使之被社会了解和认同。所以，可以把物品当作"意义"加以研究。所有物品都处于具体的时空网络中，跨越时空的限制，其意义将发生变化。这些规定了物质文化的内涵、实际内容及方式。

苏珊·皮尔斯以衣服为例对"三个立足点"做了如下精彩解释：衣服表现为具体的衣料、样式、花色、搭配等物态的内容，它们服从于衣服的一系列功能。这些功能包括两个方面：一是对"人"而言，如保暖、性别标志、社会地位标志；二是对社会生活而言，如工业生产（技术）和商业行为等。在这些内容当中，保暖，是人适应环境的需要，例如冬季的衣服比较厚重，因而衣服首先是"物品"。但男人穿裤子女人穿裙子，甚至男女服装颜色也严格不同，在这种意义上，衣服是性别的"符号"或"象征"。有些服装为某一阶层所专有，人们通常也是从衣着打扮上判断所属社会等级的，故衣服有一定的社会"意义"。衣服与物质文化生产、人口规模、家庭生活直接相关，而与气候条件、地质条件、动植物资源、海外贸易以及人类族属等间接相关。这只是从功能的角度对"衣服"这一特定物质文化所做的分析。

---

[1] 张光直：《谈"图腾"》，《考古人类学随笔》，生活·读书·新知三联书店1999年版，第117—118页。

实际上，从中国文化的语境来说，衣服的研究分为物质层次、功能层次和精神层次，涉及材料、工艺、款式、颜色、装饰以及品牌等，传统社会里，衣服具有别男女、识贵贱、序长幼、分场合等基本功能。[1]

物质文化的研究模式并不限于上文所述。通行的方法还有博洛夫斯基（Borofsky）的研究法、弗莱明的研究法、布朗（Brown）的分析法、艾里奥特（Elliott）的分析法、班彻勒（Batchelor）的研究法等等。

（三）新博物馆学视野中的物质文化

在人类学的发展史上，1840—1890年常被称为"人类学的博物馆时期"，1890—1920年被称为"博物馆—大学时期"，1920年代以后进入大学时期。相对于"学院派人类学"，其重要标志就是人类学的发展与博物馆的密切关系。[2]我们知道，这一时期的人类学家多效力于某个博物馆，对物质文化的搜集是其田野工作的重要内容。建立一个新的、属于自己的博物馆，长期以来是人类学家的梦想，也是成功人类学家的重要"身价"。研究印第安人的著名人类学家克虏伯在谈到人类学与社会学的区别时说：我们有自己的博物馆，而他们没有。[3]现在，"博物馆人类学"已经有了固定的含义，一是在博物馆中实践的人类学，二是关于博物馆的人类学。二者是有交叉的，但有

---

[1] Susan Pearce, "Interpreting Museum Objects: An Outline of Theory", in Tsong yuan Lin (ed.), *Proceedings of the International Conference on Anthropology and the Museum*, 1995, p. 304.

[2] Ira Jacknis, "Franz Boas and Exhibits: On the Limitations of the Museum Method of Anthropology", in George W. Stocking Jr. (ed.), *Objects and Others Essays on Museum and Material Culture*, History of Anthropology, Vol. 3, The University of Wisconsin Press, 1985. 又 Michael M. Ames, *What Could a Social Anthropology Do in a Museum*? The Anthropology of Museum and Anthropology in Museum, University of British Columbia Press, 1986, pp. 26–36.

[3] 李亦园：《人类学家和他们的博物馆》，黄宣卫《"中央研究院"民族学研究所陈列馆》，"中央研究院"民族学研究所。

不同的历史。前者包括了人类学的各个分支学科，以文化人类学和考古学为主；后者是博物馆学或博物馆研究的新领域。博物馆的增加，在某种程度上体现了人类学对物质文化的重视。另一方面，博物馆的存在刺激并鼓励了人类学家收集物质资料并加以研究和展示。也是在这一点上，物质文化的研究似乎走到"绝路"：实物罗列式的研究恰似博物馆的藏品仓库，不免给人以乏味之感。这种物质的罗列忽略了文化的动力方面（dynamic aspects）的内容，将人类的实践和思想看作是有形的和静止的，而忽略了其作为一个连续性变体的事实；易于将文化当作若干特征的组合，忽略了它作为一个内在相互关联的观念和行为体系的不可分割的一部分。[1]

一般说来，人类学强调将田野所获资料的分析上升为理论探索，有别于博物馆学（museology）或博物馆研究（museum studies）对藏品的依赖和强调，而博物馆中进行的人类学研究必须涉及"物品"的研究，以建立人与人之间、人与物之间以及人与环境之间的关系网络。[2]博物馆中的"物件"，多是前辈人类学者从田野里收集而来，又由于研究而上升为"藏品"，得以永久典藏。后人经由这些藏品可了解前辈学者研究的民族及其文化，同时了解前辈学者的学术活动。这些藏品成为可跨越时空传递信息的有力物证。因此，博物馆中的物质文化研究与人类学研究有着密切的关联。就具体的藏品或物件来说，其在博物馆中的逻辑起点就是学科发展建立起来的分析理论。在博物馆学

---

[1] Levinson David and Melvin Ember (eds), *Encyclopedia of Cultural Anthropology*, New York:Yale University Press, 1996, "Material Culture"; Ira Jacknis, "Franz Boas and Exhibits: On the Limitations of the Museum Method of Anthropology", in George W. Stocking Jr. (ed.), *Objects and Others Essays on Museum and Material Culture*, *History of Anthropology*, The University of Wisconsin Press, Vol. 3, 1985.

[2] Koung-min Hsu, "Material Culture Studies in Museological Perspective", in Tsong-yuan Lin (ed.), *Proceedings of the International Conference on Anthropology and the Museum*, 1995.

的学术视野中，物件与学理具有内在一致性。所以，在当下的学术和政治语境中，当讨论到藏品归还（也就是物件归还）时，必须面对的一个议题就是"学理"是否要同步归还。围绕这些藏品建立起来的藏品研究和管理分类等，就是这些学理的直接产物。这的确是一个棘手的议题。

博物馆作为永久性的文化机构，本身也是人类文化的创造物。它的职能是围绕"人—物"的联系发展出来的，通常认为有如下数端：一是收集与保存，二是陈列与展览，三是教育与知识养成，四是娱乐。前两点以"物"为中心，后两点以"人"为中心。但后者的实现必须以"物"为媒介。显然，这里的"物"不是自然中的"物"，而是经过了筛选、在博物馆这个具体时空内由学者（通常是人类学家和艺术家）"再造"的文化空间。博物馆中的"物"是不能脱离这个空间的"物"。因此，博物馆学的物质文化研究与人类学的物质文化研究是有区别的。

这就提出了几个应该反思的问题。第一，博物馆中的"物"一旦脱离了原来的文化生态环境，它的意义在多大程度上是完备的？第二，物质文化只是整体文化的一部分，博物馆展览中的某族群物质文化只是意图构建文化整体观的一种尝试。第三，大多数情况下，普通大众通过博物馆中的展览而不是人类学家的田野论著，来认识和了解某族群的文化和生活。通过博物馆展览呈现出来的文化图景，还要通过观众参观（阅读），才能实现文化传播的目的，观众的认知"阅读"能力，会大大影响文化的"真实性"。早有学者指出，在配合经济发展和文化旅游需求的趋势下，将一切历史文化遗产"博物馆化"的现象日益明显，博物馆的外延也日益扩大，传统上借"物"来阐释科学知识、传达历史文化的功能，正受到单纯追求感官刺激和身心愉悦的挑战。"藏品"的概念扩大了，内容也因而泛滥了。

物质文化研究中，也有若干问题需要克服。特别是在进化论思想影响下，人们总是试图发现不同物质形态的进化关系，并进而推测不同生计类型之间的先后关系。如将采集—渔猎经济归于原始社会的生活方式，将农耕归于封建社会的生活方式。在少数民族社会历史调查中，对各少数民族社会性质的定性主要以两个指标为依据：一是生产力水平，通常以生计类型和生产方式为度量系数；二是生产关系。这种做法影响至今，并结合"传播论"的思想有了进一步的发展。殊不知，物质的文化虽易于借用、传播或交换，但物质所包含的"意识文化"不易被他文化所接受。"洋酒中喝"（用喝白酒的方式喝葡萄酒）就是其生动写照。[1]

博物馆中的物件受到考古学、民族学和艺术史的影响，也受到历史学的影响。考古学关于物质文化的研究有一套比较成熟的方法，实际上，考古学文化的研究也是人类学研究的一部分，而且考古学博物馆中的"藏品"也多是采集和发掘出来的，所以考古学对物质文化的研究与人类学、博物馆学的研究基本上是一致的。一般而言，考古学所研究的对象只能是古代保留下来的各种物质遗存和遗存现象，所以有人误以为考古学就是物质文化研究。实际上，这是一种误解。因为考古学既要研究"物"，也要研究"文"，研究的具体对象虽然是各类物质遗存，但关注的问题则包括了人类生产、生活的各个方面，不仅仅局限于物质生活。[2]

人类活动的全部遗存当然无法尽数保存下来。除了材质方面的原因外，有些活动根本没有物质形态，如歌唱、舞蹈等。因此，考古学研究中的物质文化通常是零散而非系统的。针对这些残存的遗物和遗

---

[1] 陈其南：《文化、结构与神话——文化的轨迹（上）》，允晨文化实业股份有限公司1986年版。

[2] 俞伟超：《考古学研究中探索精神领域活动的问题》《文物研究既要研究"物"，又要研究"文"》，俞伟超著，王然编《考古学是什么：俞伟超考古学理论文选》，中国社会科学出版社1996年版，第133—142页。

迹现象，考古学发展出了一整套分析的方法。首先，是区分自然遗存和人工遗存的方法，如自然搬运会形成堆积，河流的冲刷会形成假石器，但它们与人类活动形成的堆积及人工加工过的真正的石器完全不同。其次，要将考古发掘的物质遗存进行时空定位，明确其年代关系（绝对年代和相对年代）以及器物组合情况。物质文化在考古学文化断代方面有着特别突出的价值，除了确定大的石器时代、青铜时代和铁器时代外，还能明确每一种器类和造型流行的时代和地域。物质文化的"时空关系"是考古学文化的核心内容之一。史前时代，石器和陶器出现的概率较高，它们因此成为这一时期考古学研究的重点，一个考古学文化，可能就是以这些石器或陶器命名的。考古学解决上述问题的两个最基本方法，一是考古地层学，二是考古类型学。考古地层学是确定器物层位和组合关系的方法，每件物品和遗迹现象都处于一定的地层之中。考古类型学则确定器物形态的变化顺序。

为了分析考古发现的各类物质遗存，考古学者还要借助其他技术和分析手段，重要的如各种测年方法、孢粉分析技术等，为了获得更多的角度观察遗存和遗迹现象，有时还要借助航拍技术。对器物质地和各种微量元素的分析，也是必不可少的。考古学对各种物质文化的分析和解释，常常需要借助民族志材料，民族考古学（ethnoarchaeology）方法应运而生。考古学家为了理解、认识所发掘的遗存，要到与所发掘的遗存的生计类型基本相同或相似的某一人群中生活一段时间，观察人们的生活状况，特别是留意生活垃圾的形成过程，以获取某种感悟或理论分析模式。[1] 考古学家还重视对自然遗存和各种自然物的研究，如各种动物的骨骼、石器加工后剩下的石核等。前者对于了解人们的食物来源、结构，进而了解人们的生计类型都有极为重要的价值。后者对于石料的搬运过程、加工技术，乃至

---

1 潘守永：《考古学与民族学相互关系的再思考》，《中国历史博物馆馆刊》1998年第2期。

当时的社会组织情况，都极有价值。

限于篇幅，这里不可能详细介绍考古学文化的理论和研究方法，而且考古学的研究也已呈现出多样化的趋势。特别是"新考古学"兴起后，考古学赋予物质文化以更多的内涵，对物质文化的理解也更接近人类学的角度，显出与人类学融合的迹象。不过，无论考古学如何变化，其研究的对象即各类物质遗存当不会有根本的改变，因此新思想、新方法、新手段只是以往研究的深化，而不是根本的否定。

从学理上讲，所有可以表现为具体形态的东西都是物质文化，但习惯上，人们对物质文化有一个大致的分类，其内容主要包括：生产工具的发展状况，如生产工具在质地、结构、动力以及由此产生的功能等方面的变化和发展情况；科学技术在实际生产和生活中的应用状况；人们所需要的生活资料，如衣、食、住、行等物质条件的发展与变化情况；满足人们精神活动所需要的各种物质条件的发展与变化等。其中，生产工具和技术是物质文化发展的基本线索与脉络，是物质文化研究的核心内容。一个社会的物质文化水平受到诸如自然生态环境、经济、政治及社会文化传统等多方面因素的影响与制约，主要与经济发展状况及科学技术在实际生产、生活中的应用密切相关。因此，物质文化研究与经济文化类型、科技史及社会生活史的研究有交叉关系。实际上，物质文化研究也不仅局限于某单一学科。

九、博物馆民族志与多模态博物馆学

当代人类学对博物馆的研究，早已跳出物质文化研究的单一视角，既在博物馆之内从事人类学研究，也在博物馆之外从事关于博物馆的研究，因此最近20年来出现了诸多新的理论和范式，主要有四种核心范式。这些新的理论范式不光把博物馆作为社会经济文化发展指标、文化教育和知识传播的场所，而是更深入解读博物馆现象、博物馆文化以及博物馆在知识生产体系中地位与逻辑，博物馆作为媒介/论坛、交互地带、社会文化镜像、民族—国家文化表征等议题，博物馆藏品与展览的研究也突破了"文化反应论"。多模态博物馆学是在多模态语言学研究范式下，融合了人类学的"写文化"理论，是博物馆人类学研究语言学转向的一种尝试，其将博物馆现象既作为实践形态更作为类语言形态。

笔者指导张俊龙博士基于多模态语言学的理论模式和分析方法，借鉴博物馆民族志的研究策略，以人类学田野参与观察视角切入里耶秦简（古城）博物馆（以下简称"里博"）从创立、建设、开放、展览服务到国家二级博物馆申报等一系列事件的历史过程，在"事件—人物"过程分析之外，回到博物馆化过程，即收藏、保护（养护）、展览、教育传播与文化创意产品研究和日常运维管理等（业务工作）这一核心线索。研究者通过身份转换，即博物馆人（博物馆研究人员）—博物馆观众，以及局外人（研究者—人类学者）的身份，穿梭于博物馆"幕后"日常工作实践与博物馆"前台"社会公共服务之间，采用民族志方法，通过对里博的系统性田野调查观察、重点报道人的深度访谈以及对博物馆日常工作的参与，把里博看作是具有社会生命体特征的"社区"，对其进行民族志全描，试图以此构建中国版多模态博物馆学的理论和方法范式。[1]

从多模态博物馆学研究范式出发的博物馆民族志书写，提出博物馆是具体社会文化情境下融聚多种人员分工而得以实现其自身功能的组织机构，是创造性调用语言、文字、音频、电影、图像、绘画、雕塑等复杂模态符号资源制造不同隐喻性历史文化图景的研究发现和展陈叙述，是服务多元纷杂异质社会公众的参观识读对象。本议题也可以很好回应斯坦斯基（Zbyněk Stránský）的"博物馆性"（museality）

---

[1] 张俊龙：《多模态博物馆学》，中央民族大学博士学位论文，2021年。

和"博物馆化"（musealization）。

　　多模态博物馆学的多"模态"，其实也是多学科向度的体现。我在许多场合讨论博物馆的"存在方式"时，使用"作为机构形态的博物馆、作为建筑形态的博物馆、作为收藏和展览活动形态的博物馆"说法，这里的形态，也可以理解为模态。按照张俊龙博士的论述，多模态博物馆学也有三种模态，即作为组织机构的博物馆模态、作为"日常实践"的博物馆模态和作为知识生产者的博物馆模态。

第 3 章　新博物馆学的视域与博物馆职能拓展

一、博物馆的新领域：非物质文化遗产保护

保护非物质文化遗产，最初并不是博物馆的职能。对于将非物质文化遗产纳入业务范围，绝大多数博物馆经历过一个从不认同、不接受到逐渐认可、接受和提升的过程。

博物馆应当承担保护人类非物质文化遗产的责任，然而传统意义上博物馆的功能与保护非物质文化遗产的基本要求之间有不可协调的矛盾。围绕数字化博物馆、"社区保护"等理念，本节探讨博物馆保护非物质文化遗产的可行性，引发对博物馆角色地位、职能转型等议题的思考。

非物质文化遗产是人类历史的"活的文化遗产"（living heritage），传承与保护就是在维系和传承人类文明的精神血脉。博物馆作为全球文化遗产最主要的收藏、研究、保护机构，应当更积极地投入保护非物质文化遗产行动之中。2002 年国际博协颁布《上海宪章》，正式确定博物馆的这一职责。2004 年 10 月在韩国召开的国际博协大会，主题就是"博物馆与非物质文化遗产"。然而，博物馆虽承担起了相应职责，其传统定义、职能界定甚至岗位设置等却束缚了"非遗"保护与传承工作的有效开展，使之处于"进退两难"的尴尬境地。起草《保护非物质文化遗产公约》的专家中，四位是人类学家或有人类学相关

经历，这是否说明人类学家在推动非物质文化遗产的保护中更为积极和自觉？"文化"一词源于农业，其早期具有的原始意义之一即为"耕作"（husbandry），或指对于自然物的生长实施管理。[1] 现代人普遍认同的"文化"早在人类学家 E. B. 泰勒 1871 年所著《原始文化》一书中就得以概括，即所谓"作为社会成员的人所获得的知识、信念、艺术、道德、法律、习俗以及任何其他的能力和习惯"[2]。这一概念涉及范围广泛，从字面来看，"文化"一词似乎从早期完全物质化的耕作过程的代表，转而反映人类千姿百态的精神世界。赫德尔在其《关于人类历史哲学的省思》（Reflections on the Philosophy of the History of Mankind）一书中表示，文化是"一个民族看作是其思想体系必不可少的东西"[3]。在这个意义上，本文所讨论的"非物质文化遗产"理念视角中的"文化"概念，某种程度上，与泰勒等人关于文化的定义基本一致。

"非物质文化遗产"曾被译为"无形文化遗产"，现在统一为"非物质文化遗产"。"无形遗产"这一词汇最早由日语翻译而来。日、韩两国在这一领域的立法，具有一定前瞻性。联合国《保护原居民传统的原则和方针》对无形遗产的定义包含了"其本质或使用方法代代相传的知识"，"未来可能会创作出来的文学和艺术作品"和"音乐、舞蹈、歌曲、仪式、标志和图案、口头叙述和诗歌；所有的科学、农业、技术和生态知识，包括分类学、医学和对植物志和动物志的理性利用"[4]。联合国《人类口头和非物质遗产代表作条例》对非物质文

---

1 ［英］特瑞·伊格尔顿：《文化的观念》，方杰译，南京大学出版社 2003 年版。

2 E. B. Taylor, *Primitive Culture*, London: Cambridge University Press, 1871, p. 1.

3 Johann Gottfried Von Herder, *Reflections on the Philosophy of the History of Mankind*, Chicago: University of Chicago Press, 1968, p. 49.

4 联合国教科文组织编：《世界文化报告——文化的多样性、冲突和多元共存》，关世杰等译，北京大学出版社 2002 年版，第 147 页。

化遗产的定义是:"来自某一文化社区的全部创作,这些创作以传统为依据,由某一群体或一些个体所表述,并被认为是符合社区期望的作为其文化和社会特性的表达形式,其准则和价值通过模仿或其他方式口头相传。它的形式包括:语言、文学、音乐、舞蹈、游戏、神话、礼仪、习惯、手工艺、建筑艺术及其他艺术。除此之外,还包括传统形式的联络和信息。"

E. B. 泰勒作为近代进化派人类学的鼻祖,对文化遗存概念的界定是其学术研究生涯中重要的里程碑。他认为,所谓文化遗存(泰勒称之为"遗留"),乃是"文化形式之已失其效用而尚能保存者","譬如传说、谚语、风俗、迷信、魔术等皆是"[1]。在现代人类学研究领域中,虽然不同学派对此问题的观点不一,比如心理学派的代表人物 E. 萨皮尔(Edward Sapir)提出,文化是"那些普通态度,以及文明的一切特殊的表现,而使其一民族在世界上占一特殊的地位"。马林诺斯基则在泰勒的基础上把物质的器物、货品、加入了文化的定义之中。但总体来看,他所认为的文化"不是刊印在书上的关于文化的记载,而是群众的活动,是他们活生生的生活的一部分,充满着有哭、有笑、有感情的举止言行"[2]。

人类学视野下的文化是鲜活的、动态的,将文化的本质回归人的生活本身。人类学家在讨论"文化"一词时倾向于将其界定为人类既有或将有的行为模式。换句话说,他们更愿意把"文化"看作人类世界复杂而多变的社会组织形态、生活方式、宗教信仰、技能等一系列"过程化"的"线",而不是诸如纪念物、建筑、艺术品之类体现人类社会行为结果的"点"。

---

[1] 吴文藻:《文化人类学》,王铭铭编选《西方与非西方:文化人类学述评选集》,华夏出版社 2003 年版,第 7 页。
[2] 费孝通:《从马林诺斯基老师学习文化论的体会》,《论人类学与文化自觉》,华夏出版社 2004 年版,第 47—49 页。

从这种意义上来说，包括了人类传统语言、宗教信仰、艺术行为、道德观念、生活模式在内的非物质文化遗产恰恰是这些"线"杰出而具体的实例。正是在这样的理念下，人类学家对非物质文化遗产保护的支持一直更为积极主动，或者说，非物质文化遗产保护工作的推动，很大程度上得益于人类学家的通力合作。因为从人类学的角度出发，为了确保人类社会创造力的延续，真正需要保护的是行为过程，而不是已经被制造和使用过的物品。甚至可以进一步说，从可持续发展的眼光来看，非物质文化才是人类文化的真正主体。

然而，持有以上观点并不意味着否定物质遗产的价值，那些具有杰出历史、艺术、科学价值的物质遗产散发的恒久魅力有目共睹。并且，根据马克思主义哲学原理，世界的本质是物质，这就决定了看似无形的"非物质文化遗产"也必然拥有物质的有形部分。"非物质"与"物质"并非绝对对立。正如鼎被赋予王权的象征意味一样，京剧也同样需要服装、道具作为依托。无形与有形，物质与非物质，彼此之间并不存在绝对化的界限，特别是在二者都以物质的形态出现时，这种区别变得让人捉摸不定。不过，非物质文化遗产与物质遗产毕竟不同，这种不同当中最重要的一点"便在于前者是当下的，活生生的，且与特定人群的生存方式密切相关；它虽然'无形'，却有自己的声音，有自己的意志和欲望"[1]。而这些无形的、非物质的文化传承，正是非物质文化遗产的精华所在。

非物质文化遗产是一种代代相传的活态文化，它的产生、存在和发展都与一定的自然、社会环境息息相关，"虽然不会因为风雨的侵蚀而改变，但在社会变迁和自然灾变面前却可能脆弱不堪"[2]。那些已经延续了几千年的传统风俗、语言和生活方式，却在当下全球化的

---

1 梁治平：《促进文化多样性和人类的创造力——关于〈保护非物质文化遗产国际公约〉的讨论》，《万象》2003 年第 5 期。

2 Edward Sapir, *The Psychology of Culture*, New York, 1994, p. 84.

暴风骤雨中以惊人的速度奔向消亡。以言传身教为主要传承方式的非物质文化遗产，它的灭绝远比想象中容易得多。正像白庚胜先生说的那样："一个萨满死了，就是一个博物馆倒了；一个民间艺人走了，就是一个艺术品种死了。"人在艺在，人亡艺绝。我们无法预见正在消失的非物质文化遗产在未来究竟会产生多么深刻的影响，我们知道的是，文化多样性之于人类，就像生物多样性之于自然一样弥足珍贵。一种生活理念或者行为方式的绝迹，必然会像自然界中已然灭绝的物种一般无法获得重生。保护非物质文化遗产，就是在为子孙后代保护一种传统的智慧和值得珍惜的生存方式,保护一种文化的身份和尊严。它和人类学家所界定的"文化"一词在涵盖范围上的贴近，并非只是一种无意义的偶然巧合。相反，这种"巧合"恰恰证明了保护非物质文化遗产的重要性并不亚于保护"物质的"纪念物和建筑。以可持续发展的眼光来看，前者在某种程度上有时更甚于后者。定量定型的"物品"虽然永恒却只能代表曾经辉煌的过去，而"过程"却可以在不断的传承中吸收养分，焕发生机。

二、博物馆应成为保护非物质文化遗产的"家"

有人说："文化是根据行为的形式界定的，文化的内容就由这些形式构成，其多少是无数的。"面对如此浩繁的非物质文化遗产，博物馆作为人类创造力杰作最主要的展示舞台，理应同样承担起非物质遗产保护的责任。可遗憾的是，在博物馆建立之初，文化遗产中的非物质部分曾被拒之门外。

据词源学考证，博物馆（museum）一词起源于希腊语 mouseion，意为"供奉缪斯及从事研究的处所"。经过几个世纪的发展，博物馆人对于这一概念的界定不断丰富。1989 年 9 月，荷兰海牙第 16 届国际博协大会将博物馆定义修改为："博物馆是为社会及其发展服务的非营利的永久机构，并向大众开放。它为研究、教育、欣赏之目的征集、保护、研究、传播并展示人类及人类环境的见证物。"这一定义强调了博物馆与物——见证物——的紧密关系，强调了博物馆收集、保存、研究、利用的对象——物——的唯一性和不可替代性。博物馆的一切职能被界定在以物为核心的范围内，明确地将"物"具体为文物、标本和其他实物资料。这一定义无形中为博物馆涉足非物质文化遗产保护工作筑造了一道难以逾越的壁垒。

在很多人的主观考量中，展柜里没有藏品、库房里没有实物，这样的博物馆不可想象。于是有人得出这样的结论："保护非物质文化遗产"的口号叫得再响，博物馆也只能冷眼旁观。而近年来，全球化的步伐在悄无声息地加速，傩戏傩面具、祭祀舞蹈、古歌小调、传统绝活……一种种一件件，随着老艺人的去世被带入坟墓。博物馆忽然间意识到，我们在小心翼翼地保护祖先留下的"锅碗瓢盆"、房屋楼阁时，他们曾经唱过的歌、舞过的曲、祭祖时口中喃喃念着的经文、深夜里伴儿入睡的神话传说，却不知在何年何月永远消失。我们已经并且正在呵护的原来只是人类文明中的"冰山一角"，更多的部分却在"烈日"的烧灼下渐渐消融。

还好，在国际博协亚太区第七次大会签订的《上海宪章》中，博物馆"动"起来了。《上海宪章》规定了博物馆作为"保护人类非物质遗产建设性合作伙伴关系的推动者"的身份，并明确指出：为"确认民族、地域和社区创造性、适应性与独特性的重要意义"，"声音、价值、传统、语言、口述历史和民间生活等应在所有博物馆与遗产保护活动中得到认可与促进"。

在保护人类非物质文化遗产行动中，博物馆应更为积极主动地加强参与，成为保护人类非物质文化遗产的"家"。

博物馆保护非物质文化遗产面临着一系列困境。长期以来对实物的过分依赖已经使博物馆在面对这些看不见摸不着的非物质文化遗产时变得束手无策。一直以来，博物馆主要依靠分析藏品成分结构、探索其质变机理和埋藏环境等手段来确定最适于藏品保存的温湿度和修护技术，通过严格控制库房、展柜内外环境，采用加固、封护、除锈、脱水等一系列方法，保持文物古色古香的韵味，最大限度地延长其寿命。然而，这种方法对非物质文化遗产是行不通的。口头传授的古歌民谣，"刻"在部落族人骨子里的信仰观念，防止它们的流失，远非杀虫防腐的药剂可以办到。

保护非物质文化遗产不能像保护纪念物、艺术品那样将其束之高阁。以陈列展览形式表现非遗中道具和载体的部分也不是最佳的保护方案。非物质文化遗产的保护涉及"一系列社会问题、文化问题、心理问题甚至利益冲突和政治问题，远较保护'物质'文化遗产所涉及问题复杂、微妙和困难"[1]。它所依据的基础是"文化多样性"这一世界普遍认同的价值观念，以平等和多元共存的思想贯穿其中，其精髓是体现人类多样化的创造力、爱和互相尊重的人文关怀。与保护记忆相比，将民间生活的产物以文字、图片的形式记录下来或者将它们原封不动地储存在博物馆里，就显得过于简单。

关于保护与传承非物质文化遗产的方式，一般认为，非物质文化遗产的核心是"人"，传统博物馆的核心是"物"。传统博物馆学无法跨越物—人关系。有人固执地认为，沿用传统的保护方法，把非物质文化遗产的载体置于博物馆相对封闭隔绝的时空之中，就是博物馆所能给予的最大程度的保护。既然馆舍、展柜、库房都是有形的，"无形"的文化又如何存活其中？又有人说这样的保护过于狭隘，没有涉及无形的方面，那倒不如彻底把非遗保护放归民间，博物馆倒也落得清闲。

---

[1] 梁治平：《促进文化多样性和人类的创造力——关于〈保护非物质文化遗产国际公约〉的讨论》，《万象》2003年第5期。

这样的声音虽然有一定道理，但也过于片面。对于浩如烟海的非物质文化遗产，要真正做到切实保护，必须针对其各自的传播特点和发展现状区别对待。以口技为例，传统意义上的传播和继承都以口述的方式进行，在讲述者和聆听者之间建立起一种微妙的互动关系，这就要求针对它的保护决不能离开"人"的因素而独立存在。传统的文化价值观念、人与人之间建立起的亲密关系，均应予以保护。少了一样，口技就不再具有那种古老而神秘的美感。博物馆不妨以一个推动者和领头人的身份出现，把细节化的保护工作放到社区基层，把自主权还给这些文化原生地的民众，"尊重社区团体作为非物质文化遗产的保管者、监护者和看守者的规定与礼仪"，辅助性地帮助民间艺人成立诸如"说书社""故事会"一类的民间保护团体，甚至可以在经过博物馆专家考证、充分征求当地艺人意愿的前提下，设置"艺人村""艺人寨"，把这些宝贵遗产的传承者也作为保护对象的重要组成部分。这样一来，社区就成了博物馆的"库房"和"展厅"，艺人和民众就是我们的专家、保管员，不拘泥于形式，文化遗产也能在认同和传承中得以持续发展。这种"社区保护"的思想是在文化来源于社区并符合社区期望的理念下建立起来的，非物质文化遗产的生活化决定了它更容易被社群民众认同并因此扎根存活。[1] 博物馆在这一保护模式中扮演的是"保护人类非物质遗产建设性合作伙伴关系的推动者"的角色，为保护提供理论和技术支持。

另一方面，对于一些有灭绝之虞的艺术形式，博物馆在加强收集整理相关资料的过程中，传统的"记文物账"方式不妨加以利用。数字化博物馆也是一个很好的设想，利用网络信息技术，将艺术形式、表演方法进行数字化记录，将信息存储在计算机内，让任何人在任何时间都能浏览、分享民间艺术，感受它的无穷魅力，从而加深大众对

---

1 周星：《民族民间文化艺术遗产保护与基层社区》，《民族艺术》2004年第2期。

非物质文化遗产的了解，吸引更多的人参与保护工作。同时，博物馆还可以聘请老艺人作为艺术顾问，不定期举办艺术讲座，为爱好者传授传统技艺，提供表演机会，都能达到保护、弘扬、传承和复兴非物质文化遗产的目的。

总而言之，博物馆在非物质文化遗产保护中具有不可替代的作用。在传统的研究方法、保护方式不能满足当前需要的前提下，博物馆定义、职能的再发展问题值得进一步关注。既然"文化遗产"概念本身始终保持开放状态，那么博物馆扮演的角色也不应该是单一而绝对化的。

第4章　当代博物馆学研究的"五观"：新博物馆学的定位

现代博物馆至今已有300多年的历史，但相对系统的博物馆研究或博物馆学作为一个相对独立的研究门类的历史则只有百年左右。五观，即视、听、嗅、触、感等人类所具有的认识外部世界的五种能力，这里借用此概念指称博物馆研究的五种视角、方法和学术取向，以比较宏观的知识社会学视角，尝试建立国际博物馆学百年的分析框架。

在国际上，博物馆研究或博物馆学一般被认为是系统认识研究博物馆的一个学术领域或一门具有相对独立性的现代学科。国际博协有两个专门委员会：国际博物馆学委员会（International Committee For Museology，简称ICOFOM）、新博物馆学运动委员会（MINOM-ICOM），可见国际博物馆界对博物馆理论研究的重视。ICOFOM内部经常讨论英文中博物馆研究与博物馆学的区别与联系。其实，两者都可以翻译为"博物馆学"，但其历史和含义有些微的区别。

美国学者曾出版一本《博物馆学读本》（*Museum Studies: An Anthology of Contexts*）[1]，篇幅达600多页。书中选择了19世末到21世纪初英语世界中最重要的或最具代表性的论文，展现了百年来博物馆研究或博物馆学历史发展的主要线索和图景，或可概括为博物馆学

---

1 B. Messias Carbonell (ed.), *Museum Studies: An Anthology of Contexts*, Blackwell Publishing Ltd, 2004.

的两大方面：博物馆学[1]和博物馆志（museography）[2]。

我们认为，现阶段的博物馆学与博物馆志已经在逐渐打破彼此的界限，博物馆志不再单纯局限于"技术实践"，也同样受制于博物馆的理论、思想与传统。为了系统梳理并呼应这些议题，我们从五个方面对国际博物馆学的历史进行初步的知识社会学式的分析与阐释。它们分别是：历史主义、词源学与谱系学、文本分析、自然叙事、话语反思。

一、博物馆的历史主义话语

历史主义话语下的博物馆及其观念史，追溯博物馆的起源、形成与现代博物馆观念的历史发展，从历史主义角度思考西方从古罗马帝国到 20 世纪博物馆观念与实践的发展与变迁，并由此追溯当下博物馆学与博物馆志研究中面临的问题与挑战。

米尔恰·伊利亚德（Mircea Eliade）在《宇宙与历史：永恒回归的神话》中界定过两种时间趋向：其一是传统型，见于所有的原始文化，是一种循环的时间，无限地定期自我再生；另外一种是现代型，是一种有限的时间，是两个非时间性永久点之间的片段。[3] 人类意识中存在两种时间概念：一种是循环的时间，一种是线性的时间。前者

---

1 B. Messias Carbonell, "Introduction: Museum/Studies and the Eccentric Space of an Anthology", in B. Messias Carbonell (ed.), *Museum Studies: An Anthology of Contexts*, Blackwell Publishing Ltd, 2004, p. 4.

2 "博物馆志"指与博物馆学有关的技术主体，它包括博物馆组织与操作过程中各方面的理论与实践。见 B. Messias Carbonell, "Introduction: Museum/Studies and the Eccentric Space of an Anthology", in B. Messias Carbonell (ed.), *Museum studies : An Anthology of Contexts*, Blackwell Publishing Ltd, 2004, p. 5.

3 [美] 米尔恰·伊利亚德：《宇宙与历史：永恒回归的神话》，杨儒宾译，联经出版事业公司 2000 年版，第 101—102 页。

指的是古代文明时期，人们依靠仪式与神话来消除世俗性，[1]古人不遗余力反对历史的价值；后者指的是通过一系列巨大的政治事件唤起人类的意识，以此产生历史感。

德曼·巴兹（Germain Bazin）认为，或许只有当一个文明处于衰落之时，人们才会对其历史产生兴趣，并开始研究此文明孕育的思想的力量及独创性。古罗马帝国的征服带来了新的历史意识，人们成为如今所谓的黑格尔主义者，转向内省与自我解剖，通过过去的自己来定义现在的自己，试图借欣赏过去以抚慰现实。古罗马帝国继承了古希腊的图书馆与博物馆，通过参阅档案资料、编纂文献并大量搜集作品来扩充图书馆与博物馆的馆藏，这就是古典主义的博物馆逻辑，是历史主义的逻辑。

中世纪，人们生活于一种周期性的时间观之中。除服务于少数热衷神圣遗物的收藏者外，博物馆在人们的生活中并未发挥多少实质性的作用。文艺复兴时期，博物馆获得重生，在进化论驱使下，这一时期人们的基本观念是追求对自己负责而不是对上帝负责，承载过去的博物馆再度成为庇护所。[2]法国大革命时期，随着皇家藏品陆续进入公共博物馆，博物馆逐渐面向公众开放，其宗旨也转向为提升公众的知识水平和艺术修养服务，背后则是启蒙主义思想。

19世纪是"历史的世纪"，博物馆内充斥着来自各个历史时期、各个民族的创造物，对过去的追捧成为一种时尚，甚至达到了狂热的程度。[3]最主要的人类学博物馆、自然历史博物馆都在这个时期成形。

---

[1] Germain Bazin, "From the Museum Age", in B. Messias Carbonell (ed.), *Museum Studies: An Anthology of Contexts*, Blackwell Publishing Ltd, 2004, p. 18.

[2] Germain Bazin, "From Tthe Museum Age", in B. Messias Carbonell (ed.), *Museum Studies: An Anthology of Contexts*, Blackwell Publishing Ltd, 2004, p. 20.

[3] Germain Bazin, "From the Museum Age", in B. Messias Carbonell (ed.), *Museum Studies: An Anthology of Contexts*, Blackwell Publishing Ltd, 2004, p. 20.

与 19 世纪比较，20 世纪被看成是"史前史的世纪"，尤其是第二次世界大战后，史前史研究取得了重大成就，考古学以及考古遗址的重要博物馆均依赖这些新的发现和认知而建立。博物馆通过营造一系列场景，再现那些逝去的历史和文化，让人们获得返璞归真的感受。

此外，博物馆藏品中的艺术品与自然作品一样，是作为价值的表现形式而存在的。如今，博物馆在某种程度上已成为流行趣味的晴雨表，陈列展览既引导大众也迎合大众。对于整个世界的基本格局和面貌而言，战争是分水岭。全世界超过四分之三的博物馆都是在 1950 年代以后建立的，当然有的藏品也许很早就有。博物馆的多样性与创新性是它们获得活力与显著发展的动力，博物馆的神圣感也逐渐消失，小型博物馆、专业博物馆大量出现，[1] 为旅游市场而建的博物馆不再凸显研究的宗旨，而是强调参与、娱乐以及经营管理，博物馆学的新逻辑出现了。博物馆转向服务于社区和本地居民，与社会文化的同步性加强。博物馆拒绝一成不变，"博物馆与时代变迁"成为现代博物馆学的主要议题。

历史主义叙事下的博物馆具有双重意义：首先，博物馆脱胎于人类意识对历史观念的感知，伴随着线性历史的进程，博物馆与社会文化发展具有同构性，博物馆的实践与理论反思也与历史话语下的变迁联系在一起；其次，普世的人性（humanity）作为博物馆的"哲学之根"一直存在于博物馆的发展中。从罗马帝国时期对文明衰落的怀念开始，直到 20 世纪，博物馆一直是过去、仪式、人性至善、神圣性的象征与隐喻。在世俗化的今天，博物馆早已不再是一个仪式性、神圣性的场所，但是在观念史上，它却有让-雅克·卢梭（Jean-Jacques

---

[1] 例如移民博物馆、名人堂、蒸汽机博物馆、汽车博物馆、玩具模型博物馆、橄榄博物馆、小麦和面包之屋、芦笋博物馆等新博物馆形态。详见 Kenneth Hudson, "The Museum Refuses to Stand Still", in B. Messias Carbonell (ed.), *Museum Studies: An Anthology of Context*, Blackwell Publishing Ltd, 2004, p. 90.

Rousseau）所说的"自然状态"的隐喻，以逃避马克思·韦伯（Max Weber）笔下的"现代性牢笼"的束缚。

二、博物馆：词源学与谱系学研究

曾任国际博物馆学委员会主席的英国博物馆学家肯尼斯·赫德森说过，给博物馆下定义是困难而无意义的，研究博物馆要做的事情比研究它是什么更为重要。[1] 营销学专著《博物馆市场营销与战略》中也说，如今给博物馆下定义越来越难，博物馆适合一个"多样的定义"。[2] 话虽如此，但是"博物馆"作为一个概念，有其更深层次的结构与意义。

从词源学和谱系学的视角，可以具体考察博物馆如何完成从私人向公共的转变，从个人爱好、小集团向民族国家的象征转变，以及从国家主义（nationalism）向地方主义以及社群的回归等等。从认识论入手，考察不同逻辑与意义上的博物馆传统，重点是现代博物馆的诸种形态背后的逻辑。这类研究，除了英语的研究外，德语、法语、葡萄牙语、西班牙语等语源学探索均有许多成果。

宝拉·费德林（Paula Findlen）在《博物馆：古典时期的词源学和文艺复兴时期的谱系》（1989）一文中认为，拉丁语的"博物馆"（musaeum）作为一个词，不仅是沟通社会生活与知识生活的桥梁，而且是一个认识论上的结构逻辑，它包含一系列不同的观点、想象、图像、结构。[3] 从语言学与社会学意义上说，博物馆并不是一个孤立

---

[1] B. Messias Carbonell, "Introduction: Museum Studies and the Eccentric Space of an Anthology", in B. Messias Carbonell (ed.), *Museum Studies: An Anthology of Contexts*, Blackwell Publishing Ltd, 2004, p. 3.

[2] Neil Kotler, Philip Kotler and Wendy Kotler, *Museum Marketing and Strategy*, 2nd edition, Jossey-Bass, 2008, p. 6.

[3] Paula Findlen, "The Museum: Its Classical Etymology and Renaissance Genealogy", in B. Messias Carbonell (ed.), *Museum Studies: An Anthology of Contexts*, Blackwell Publishing

的具有收藏经验的公共机构的概念,而是被16、17世纪的社会文化所形塑的,能够洞悉过去社会文化的进程。[1]也就是说,博物馆就是人们思想建构的产物,表明了人们观念的发展过程。

在古典时期,博物馆最初的定义是双重性的:首先,它是缪斯(Muse)所在地,一个使人们从世俗脱离出来的神话般的庇护所;其次,它和著名的亚历山大图书馆有关。随后,博物馆转变成机构设置与分类体验,社区文化资源在博物馆内得到收集与秩序化。英文"博物馆"(museum)最初专指牛津大学的阿什莫林博物馆。中世纪时,"musaeum"还极少出现,法语词典中没有"Musèe"一词,它实际上和体育场、运动场、图书馆密切相关。博物馆的状态和收藏活动与中世纪经院哲学知识体系相一致,是一种百科全书式的搜集与收藏。16世纪,西方社会完成了从经院哲学向人文主义话语转化的过程,这一时期的博物馆成为所有收藏、分类与认识结构交汇的轴心,提供一个交织着语汇、图像和事物的意义空间。17世纪到18世纪早期,西方社会的主旋律是殖民主义带来的全球智慧与视野。新世界物品的大量涌入和其他非欧洲地区藏品的出现,使新博学派开始寻求新的知识模型来解释这个令人困惑的、越来越不合逻辑和多元化的世界。这一时期的博物馆策略是解释学上的,即博物馆是神秘知识的可视化展现,收藏者能够通过不同文化的比较、分类和博学式的收集参透其表层,揭示其内在意义。19世纪是一个知识快速增长的时代,私人兴趣得到鼓励。随着殖民体系的完成,来自异域的"远方文化之谜"既可以打发历史主义,也可以赢得宗主国对殖民地的诸种文化想象。

20世纪以来,国际博协试图根据多元性的文化变迁解释博物馆

Ltd, 2004, p. 23.

1 Paula Findlen, "The Museum: Its Classical Etymology and Renaissance Genealogy", in B. Messias Carbonell (ed.), *Museum Studies: An Anthology of Contexts*, Blackwell Publishing Ltd, 2004, p. 24.

到底是什么。无论采用哪种词语与称谓,这一时期博物馆有两种主要的变化:首先,公认宗旨是服务公众;其次,各种批判与反思的话语开始解构过去的结构与权力。

弗朗西斯·莱昂尼特(Francoise Lionnet)用"镜子"的象征来勾勒物品/展品的区隔,质疑博物馆中定名、分类以及陌生化的策略,并探讨从游客的角度来审视传统"人类学的目光"和"本土化"。[1]加比·波特(Gaby Porter)借女性主义批评的视角对博物馆以及博物馆研究进行反思,重新审视一度被认为是"石化的""物质的""固态的"的历史以及博物馆。[2]特瑞斯·杜菲(Terence M. Duffy)在《人类灾难与人类权利博物馆》中认为,博物馆与人类灾难的记忆和人类权利有密切的关系,历史中的痛苦记忆不仅具有人文主义的关怀,还涉及人性与权利的诉求。[3]

从精神的、文本的博物馆到实体博物馆,从古罗马、中世纪到16、17、18世纪[4],博物馆(musaeum、museum)二词的结构交错于自然与人工、真实与想象、一般与特殊等对立观念当中,不仅体现人类宇宙图式与宗教观念的富饶,同时展示人类对"世界戏剧"的认知

---

[1] Francoise Lionnet, "The Mirror and the Tomb: Africa, Museums, and Memory", in B. Messias Carbonell (ed.), *Museum Studies: An Anthology of Contexts*, Blackwell Publishing Ltd, 2004, p. 93.

[2] Gaby Porter, "Seeing Through Solidity", in B. Messias Carbonell (ed.), *Museum Studies: An Anthology of Contexts*, Blackwell Publishing Ltd, 2004, p. 104.

[3] Terence M. Duffy, "Museums of 'Human Suffering' and the Struggle for Human Rights", in B. Messias Carbonell (ed.), *Museum Studies: An Anthology of Contexts*, Blackwell Publishing Ltd, 2004.

[4] 这几个历史时期的社会文化结构与福柯对古典时期的疯狂、16世纪国家理性时期的规训及17—18世纪的安全配置之间具有同构性。对博物馆进行词源学与知识考古学的考察,是将其作为思考方式,从微观层面窥视社会文化结构与变迁的重要研究方法与范式。详见[法]米歇尔·福柯:《安全、领土与人口:法兰西学院演讲系列,1977—1978》,钱翰、陈晓径译,上海人民出版社2010年版。

与理解。[1]20世纪以来，博物馆概念也随之发生了一系列变化，其外延已经超出了词源学谱系，成为反思结构权力机制的工具。博物馆不仅作为实践手段记录了过去、现在乃至将来的社会文化进程与发展，而且其认识论上的意义使之成为社会道德、社会不平等问题的调节器。

三、作为一种文本和媒介的博物馆

博物馆所具有的文本意义，博物馆作为美学沉思的场所，作为一种观看的方式，作为一种媒介，都符合文本分析的逻辑。策展—展品—观众，是博物馆文本分析的三要素，牵涉到知识体系、权力话语、学术知识等方面的解释。

博物馆的体验是一种艺术的沉思。建筑、展览、秩序、线路等一系列内在的要素使其随着社会文化进程发生变化。同时，博物馆作为文本，也是分析意识形态与知识体系的重要工具。这一部分将运用传统艺术、建筑历史、人类学的理论与方法来推演出博物馆传达的信仰与价值观，即研究博物馆艺术、建筑风格、设备陈列、展览秩序等要素是通过什么方式来形塑参观者的体验，是一个基于博物馆与参观者两者关系的一项辩证研究。

卡罗尔·邓肯（Carol Duncan）和阿兰·瓦勒奇（Alan Wallach）认为博物馆是一个社会机构，其首要功能是意识形态上的。他们强调了博物馆内经常被忽视的建筑修辞学的作用，博物馆建筑在一定程度上形塑了观众体验。通过设计好的空间路径，参观者会在博物馆体验过程中不知不觉地将国家的价值观与信仰内化。[2]无论是在建筑的外

---

1 Paula Findlen, "The Museum: Its Classical Etymology and Renaissance Genealogy", in B. Messias Carbonell (ed.), *Museum Studies: An Anthology of Contexts*, Blackwell Publishing Ltd, 2004, p. 36.

2 Carol Duncan, Alan Wallach, "The Universal Survey Museum", in B. Messias Carbonell

在形态还是在内部的收藏与展览上，博物馆与庙宇、教堂、神龛、宫殿具有相同的建筑风格与艺术—历史类型，博物馆分享了传统仪式纪念物的基本特征，强调的是一种与过去文明的继承关系。

博物馆和仪式纪念建筑一样，广泛应用肖像学方案，建构一种整体性的意识形态而非单个展品的物理组合。这种博物馆文本修辞策略在大部分博物馆中得到了集中体现，像卢浮宫、伦敦国家美术馆、华盛顿国家美术馆、纽约大都会艺术博物馆等，收藏的艺术品属于"全球性的"，企图代表"普世的价值"（universal value）。[1]邓肯和瓦勒奇解析了卢浮宫的肖像学方案，揭示了法国通过卢浮宫试图构建的博物馆学价值：法国是古典文明的真正继承者；按照年代顺序组织的艺术历史能够重现法国的发展历史；法国历史过程中君主制与共和制之间的斗争（即"交替复辟"）在博物馆内得到展演；卢浮宫成为不同学派之间碰撞的场所与空间；卢浮宫通过对古典艺术的占有和对其他国家的承认，不仅荣耀法国的历史，而且承载了全球文明与艺术。[2]

唐纳德·普雷茨奥西（Donald Preziosi）在《地球母亲的大脑——博物馆和现代性构造》中系统讨论了"主体参与性"与"客体主体性"的辩证关系。在现代性的建构中，大卫·芬恩（David Finn）认为，参观博物馆没有所谓正确或者错误的方法，只有一条重要的规则：当你走进大门时，要听从自己的本能，重点在于自我的领悟与主观的解

(ed.), *Museum Studies: An Anthology of Contexts*, Blackwell Publishing Ltd, 2004, p. 51.

1 "The Universal Survey Museum"译为"遍及全球收藏的博物馆"，在麦夏兰的讲座中，她将"universal"与"encyclopaedic"放在一起来讲。根据邓肯与瓦勒奇讲述的内容，这种博物馆包含的内容具有历时性与共时性的特点，即藏品来自古希腊、古罗马、埃及、中国、美索不达米亚地区等，藏品的种类囊括了日用器物、艺术品、自然历史藏品等。详见 Carol Duncan, Alan Wallach, "The Universal Survey Museum", in B. Messias Carbonell, *Museum Studies: An Anthology of Contexts*, Blackwell Publishing Ltd, 2004, pp. 51-70.

2 详见 Carol Duncan, Alan Wallach, "The Universal Survey Museum", in B. Messias Carbonell (ed.), *Museum Studies: An Anthology of Contexts*, Blackwell Publishing Ltd, 2004, pp. 59-64.

读,在适当的时候要与人交流。[1]

"主体性"是在与作为客体的展品叙述与重组中形塑的。展品是可感知的"在场",是物理的、艺术审美的存在。展品也是一组意义的存在,但它的意义是没有指定的,指向的是社会文化整体观以及参观者的主体性。

博物馆的文本分析出现在后殖民主义与反思批判的权力话语中,埃尼德·史尔德克罗特(Enid Schildkrout)曾分析过"深入非洲之心"展,称之为一个多重发声的平台,既揭示后现代主义思潮下博物馆内部的矛盾,也预示了策展人的两难境地,游移于西方与非西方的后殖民主义的复杂关系之中。[2]

当然,卢浮宫还是现代博物馆的样板,是博物馆从私到公转变的标志。策展人、展品—展览[3]、观众作为文本分析的三个要素,受到重视与关注。[4]策展人的知识体系其实也是权力关系;展品—展览是物理空间和文化空间,也是思想交流与知识生产的空间,建立社会的观念体系和主体性形式;观众是具有能动性的主体,是承载观念与文化的主体,是知识再创造的工具。博物馆是一个文本、话语、权力分析的空间场域,这些分析可以让我们更好地理解"博物馆是什么?"

---

[1] Donald Preziosi, "Brain of the Earth's Body: Museums and the Framing of Modernity", in B. Messias Carbonell (ed.), *Museum Studies: An Anthology of Contexts*, Blackwell Publishing Ltd, 2004, p. 71.

[2] Enid Schildkrout, "Ambiguous Messages and Ironic Twists: Into the Heart of America and The Other Museum", in B. Messias Carbonell (ed.), *Museum Studies: An Anthology of Contexts*, Blackwell Publishing Ltd, 2004, p. 183.

[3] 此处的"展品—展览"不仅指藏品与展品内容,还包括建筑风格、展览路线、说明牌等要素,是一种博物馆内展览的整体性图解/肖像性策略与模式。

[4] 1940年代中期,博物馆任务发生了变化,从过去的收藏者转向观众,这一转向更加促进了博物馆文本的分析,一系列对于博物馆与观众之间的关系、博物馆的功能与定位等问题得到了关注。详见: Kenneth Hudson, "The Museum Refuses to Stand Still", in B. Messias Carbonell (ed.), *Museum Studies: An Anthology of Contexts*, Blackwell Publishing Ltd, 2004, p. 88.

的难题。

四、博物馆中的自然叙事：人类学、民族学与自然史

博物馆是现代科学发展的产物，也对现代科学的生产与消费产生影响。科学、政治、美学设想都参与规范博物馆的"业务"活动，其中自然史（博物学）、人类学、民族学、艺术与教育的理论与方法对博物馆文化展演直接产生影响。

18世纪后，博物馆出现自然叙事与科学化现象。这一时期的博物馆实践与理论诉求有两方面特点：第一，博物馆的科学化与专业化日益明显，与人类学、民族学相关理论与方法密切相关，展览的秩序与分类更加科学化与规范化；第二，自然界中有关生物命名与自然本质的知识成为社会法则建构的基础，自然史与社会史的类比在新型国家的政治建构与社会文化中发挥作用。

民族学、人类学理论在博物馆实践从对异域风情的好奇转向关注文化多样性与展览科学性的过程中，起到了极为关键的作用。民族学的知识建构与博物馆的成熟发展是同步的，大致经历了三个阶段。[1] 作为美国第一批博物馆的创建人之一，查尔斯·威尔逊·皮尔（Charles Willson Peale）从非洲、印度、中国、太平洋岛屿以及美国印第安人聚居区等地广泛搜集各种各样的藏品。[2] 与之前的博物馆实

---

[1] 第一阶段从19世纪末到1930年代，博物馆像图书馆一样，变成了物品陈列的储藏室，优先陈列特殊人工制品，如武器和陶器。第二阶段从1930年代到1960年代，随着民族学的专业化，展览自身变得更具科学性与教育性，更注重阐释，这构成从物品展览向科学展览的转变。第三阶段是1960年代以来，出现两类民族志实验：将物品放回到原场景与氛围，这一方式引发了有关真实性重构的讨论；将民族志物品作为艺术体验的方式，创造一种艺术震撼。详见 Fabrice Grognet, "Ethnology: A Science on Display", in B. Messias Carbonell (ed.), *Museum Studies: An Anthology of Contexts*, Blackwell Publishing Ltd, 2004, pp. 175–180.

[2] Charles Willson Peale, "To the citizens of the United States of America", in B. Messias

践不同的是,皮尔的藏品分类采用了林奈的科学分类体系[1],将时间上和空间上的神秘他者作为自然世界来看待。路易斯·阿加西(Louis Agassiz)在《1863年致卡里·托马斯的一封信》中认为,人类历史与动物创造的自然历史之间有极为密切的关系,关于该种族的习性以及体质要素的两大类标本是展览中必不可少的。[2] 罗伯特·古德沃特(Robert Goldwater)在《民族学博物馆的发展》中介绍了民族学博物馆在西方社会的建立与独立过程,民族学理论开始介入博物馆收集与分类,藏品的美学与艺术价值得到了强调,却无法摆脱西方中心主义的权力话语。[3] 美国人类学之父博厄斯(Franz Boas)对以民族学博物馆为战场展开进化论等宏大理论论战的行为进行了评述。[4] 博厄斯采用归纳法,强调文化现象中的历史发展、地理分布等,批判奥蒂斯·梅森(Otis T. Mason)基于比较与类比得出的演绎法则[5]。博厄斯通过博

Carbonell (ed.), *Museum Studies: An Anthology of Contexts*, Blackwell Publishing Ltd, 2004, p. 129.

1 林奈生物学建立了人为分类体系和双名制命名法。林奈科学分类法预示自然科学的到来。参见何家庆:《经典分类学的时代契合——纪念林奈诞辰300周年》,《科学》2007年第5期。

2 路易斯·阿加西不仅对展览内容提出了看法,还提出藏品收集的原则与保存的方法,尤其是保存动植物尸体、动物头颅的方法。详见 Louis Agassiz, "Letter of 1863 to Mr. Thomas G. Cary", in B. Messias Carbonell (ed.), *Museum Studies: An Anthology of Contexts*, Blackwell Publishing Ltd, 2004, pp. 131-132.

3 Robert Goldwater, "The Development of Ethnological Museums", in B. Messias Carbonell (ed.), *Museum Studies: An Anthology of Contexts*, Blackwell Publishing Ltd, 2004, pp. 133-138.

4 Franz Boas, "Museums of Ethnology and their Classification", in B. Messias Carbonell (ed.), *Museum Studies: An Anthology of Contexts*, Blackwell Publishing Ltd, 2004, pp. 139-142.

5 奥蒂斯·梅森曾于1886年发表关于美国国家博物馆展览的报告,他认为博物馆处理民族志标本的方式应依照生物学分类系统。他采纳斯宾塞的社会进化论主张,认为社会或文化是一个有机体。详见 John Buettner-Janusch, "Boas and Mason: Particularism versus Generalization", *American Anthropologist*, New Series, Vol. 59, No. 2, April 1957, pp. 318-324.

物馆的论述表达了自己对普遍性与特殊性、主体与客体、自然学科与人文学科之间复杂关系的哲学关注。

与博物馆实践制度化、科学化一起产生的，是政治制度建构过程中对自然史秩序与分类的类比与模仿。18世纪末，美国国家文化权威的"构造"以存在于自然法则的想象和社会/政治法则之间的无意识的隐喻性交流为前提。[1]"后革命时代的美国"，自然史在政治构造中仍然发挥着独特的作用与功效。

克里斯托夫·卢比（Christopher Looby）在《自然的构造：杰斐逊、皮尔、巴特姆的政治分类法》中提到了美国的文化先驱在建国初期是如何从自然界中发现分类、认同与变化法则，以构造一个涂尔干意义上的"真正的社会"。杰斐逊在《弗吉尼亚笔记》中记录和传播了弗吉尼亚的动植物群、地理、人类和社会机构中某些有意义的部分，其中的自然概念和他所坚持的历史自我理解的概念之间存在着内在的深层次关系，这有利于构建一种"同质、和平、持久"的整体社会观念。巴特姆的《旅行笔记》（*William Bartram's Travels*）认为，钟表和织锦等艺术化产品的机械结构在自然中是可见的。[2] 自然界的表象是条理有序的，社会整体观念是自然分类法的延伸，这对于整合后革命时代的社会形式极为重要。皮尔作为一位博物馆实践者，在博物馆内进行某些概念与秩序结构的瓦解和修复，将博物馆作为一个戏剧式、隐喻式的场景。与前两位文化先驱者的研究视角不同，他有关自然史分类和政治制度关系的论述来自博物馆内的经验主义研究。19世纪中期，美国研究者同时采用考古学、语言学、体质人类学的路径

---

[1] Christopher Looby, "The Constitution of Nature: Taxonomy as Politics in Jefferson, Peale, and Bartram", in B. Messias Carbonell (ed.), *Museum Studies: An Anthology of Contexts*, Blackwell Publishing Ltd, 2004, p. 144.

[2] Christopher Looby, "The Constitution of Nature: Taxonomy as Politics in Jefferson, Peale, and Bartram", in B. Messias Carbonell (ed.), *Museum Studies: An Anthology of Contexts*, Blackwell Publishing Ltd, 2004, p. 146.

来解决美国面临的历史、身份与文化困境。克蒂斯·亨斯利（Curtis M. Hinsley）认为，在处理欧洲人与印第安原居民的关系时，学者采用了自然史的方式而不是历史道德主义，[1] 力图从历史主义和自然科学来摆脱印第安人退化的历史。

后革命时代的美国追求自然的和谐，这是特定社会—历史背景下的知识与政治诉求。和谐自然的秩序感与条理感能为美国消除建国初期的焦虑感。在美国随后的发展中，自然史依然在博物馆与社会文化中发挥作用。在美国内战以前，如何面对印第安原居民成为必须面对的问题。最终自然史、人类学、民族学介入，将印第安原居民的历史按照自然科学与进化时序建立了欧洲人与原居民之间的高低等级关系，这种自然史的社会建构在当时具有很大的整合意义，但在后来，其学术与政治遗产却不断地得到解构与反思。

五、多元文化主义、批判反思理论及国家主义的反思

20世纪的大部分时间里，民族国家（nation-state）理论是主流话语。博物馆实践在国家规划、议程、文化整合、身份认同等方面运转，一些西方国家将视野从全球殖民转向国内自身；与此同时，多元文化的发展与新兴国家的建立使得博物馆成为权力反思与文化独立的场域，"无历史"[2] 的非西方国家力图通过博物馆来隐喻民族国家的未来发展，

---

1 Curtis M. Hinsley, "Magnificent intentions: Washington, D.C. and American anthropology in 1846", in B. Messias Carbonell, *Museum Studies: An Anthology of Contexts*, Blackwell Publishing Ltd, 2004, p. 164.

2 "无历史"可以有两种解释：第一，在资本主义世界体系的建构过程中，非西方人民被强迫纳入资本主义生产方式占支配地位的世界市场中，他们的历史是西方"赋予"的；第二，由亲族制社会与贡赋制社会组成传统社会，即无历史观的神话时期。在此，"无历史"指的是前者。参见［美］埃里克·沃尔夫：《欧洲与没有历史的人民》，赵丙祥、刘传珠、杨玉静译，上海人民出版社2006年版。

有关博物馆多样性与反思批判的实践和理论呼之即出。

19世纪末，英国公众开始意识到博物馆内艺术力量与艺术价值的缺失，在艺术设计与教育方面，他们认为自身在发展工业的同时被邻国超越了，号召国家建立一个综合各个时期、各个国家、各种样品的永久性机构。[1] 随后在1902年，英国政府实行以"面向所有人的教育"（education for all）为口号的教育体制改革，力图终结帝国主义意识形态，追求多元、平等、均质的国家认同。[2] 从国家的视角出发，1902—1910年间的博物馆功能主要有两个指向："理性的愉悦"和"科学的研究"[3]，博物馆也试图通过教育改革与民主宣传来扩大受众范围。这一时期国家开始将多元主义纳入到公众的教育中，通过博物馆来实现科学理性、艺术美学、人性自由等多种要素的共同在场。1909年，在梅德斯通博物馆协会的致辞中，亨利·巴尔弗（Henry Balfour）认为大不列颠的众多博物馆藏品与民族学有关，但是与大不列颠无关，博物馆成为世界其他地区艺术、人工制品、风俗、信仰的研究场所，然而处理自己的民族国家历史时却是沉默的。[4] 巴尔弗倡导大不列颠建立一个类似诺蒂斯卡博物馆[5]的国家民俗博物馆，不

---

1 J. C. Robinson, "From On the Museum of Art: An Address", in B. Messias Carbonell (ed.), *Museum Studies: An Anthology of Contexts*, Blackwell Publishing Ltd, 2004, p. 226.

2 Annie E. Coombes, "Museums and the Formation of National and Cultural Identities", in B. Messias Carbonell (ed.), *Museum Studies: An Anthology of Contexts*, Blackwell Publishing Ltd, 2004, p. 231.

3 Annie E. Coombes, "Museums and the Formation of National and Cultural Identities", in B. Messias Carbonell (ed.), *Museum Studies: An Anthology of Contexts*, Blackwell Publishing Ltd, 2004, p. 238.

4 Henry Balfour, "Presidential Address to the Museums Association, Maidston Meeting, 1909", in B. Messias Carbonell (ed.), *Museum Studies: An Anthology of Contexts*, Blackwell Publishing Ltd, 2004, p. 253.

5 巴尔弗主张以诺蒂斯卡博物馆（Nordiska Museet，又译北欧博物馆）为英国民俗博物馆的蓝本。该馆位于瑞典的斯德哥尔摩，是一个巨大的国家象征，是它的成立者和组织者——阿图尔·哈塞利乌斯的纪念地。在馆内，瑞典人以及少数民族的艺术、社

仅致力于古迹的保存，还应该关注那些正在使用的文化残留物，以了解自身民族文化与发展历史。

毫无疑问，博物馆在民族国家的民主化、认同化等方面持续发挥作用。一些西方国家在帝国文明破灭后，以博物馆为领地展开了一系列对自身社会、文化、价值观的重新构建。除此之外，博物馆在反思过去的权力话语以及追求多元文化价值方面的作用也日益重要，多种不同的声音出现在博物馆内，试图解构过去，重建秩序。

艾利诺·哈特尼（Eleanor Heartney）用"粉碎帝国的心智"[1]这样炫目的标题，剖析了几种混乱的展览修辞学。一些场景充斥着对平等的追求和反对政治的诉求，博物馆的综合信息与秩序分类强调了它对旧意识形态的反叛。女性主义与自由主义等话语在博物馆实践中也有突出反映。乔丹娜·拜尔肯（Jordanna Bailkin）讨论了"公爵夫人肖像画"被售事件，引起交易的各种因素和交易产生的特殊利益，包括性别、遗产、世袭主义等方面，反映了自由主义与女性主义的矛盾。[2] 爱德华·考夫曼（Edward N. Kaufman）的《从世界展览到复原村庄的建筑博物馆》[3]一文，通过对户外博物馆、乡村主题博物馆、私人博物馆的关注，揭示了文化差异带来的区别与排外的界限设定，

会经济、工业、娱乐、纪念日、信仰等方面都得到研究。民族国家的特色在此得以呈现，取得很大的成功。详见 Henry Balfour, "Presidential Address to the Museums Association, Maidston Meeting, 1909", in B. Messias Carbonell (ed.), *Museum Studies: An Anthology of Contexts*, Blackwell Publishing Ltd, 2004, pp. 254-255.

1 Eleanor Heartney, "Fracturing the Imperial Mind", in B. Messias Carbonell (ed.), *Museum Studies: An Anthology of Contexts*, Blackwell Publishing Ltd, 2004, pp. 247-251.

2 Jordanna Bailkin, "Picturing Feminism, Selling Liberalism: The Case of the Disappearing Holbein", in B. Messias Carbonell (ed.), *Museum Studies: An Anthology of Contexts*, Blackwell Publishing Ltd, 2004, p. 261.

3 Edward N. Kaufman, "The Architectural Museum from World's Fair to Restoration Village", in B. Messias Carbonell (ed.), *Museum Studies: An Anthology of Contexts*, Blackwell Publishing Ltd, 2004, pp. 273-289.

用奇闻异事的方式来讲述另类的历史记忆。伊丽莎白·布龙（Elizabeth Broun）在《讲述美国故事》一文中，集中考察了史密森美国艺术博物馆（Smithsonian American Art Museum）的藏品、展览以及对国家自豪感的表述。她认为，每个观众对展览的解读都是正确的，即社会文化的深层次结构对主体的解释是开放的。多元的国家叙事与文化多样性如何与身份的认同达成共识是她一直试图回答的问题，或许国家视角下的博物馆更应该兼顾地方性、全球性话语的影响。[1]

博物馆对过去文化结构与权力的反思不仅出现在西方国家，在第三世界的很多国家中，博物馆和博物馆化的想象（museumizing imagination）也具有深刻的政治性。[2] 在一些国家，殖民主义的终结与民族的独立并未带来想象中的满足感与胜利感，"我们到底是谁？"的问题，像一团阴郁的乌云弥漫在这些国家的上空。博物馆在本质主义（essentialism）和时代主义（epochalism）[3]的岔路口不知该何去何从，作为一种文化手段、意义工具与符号体系，博物馆的研究将为我们解释新兴国家的社会结构、政治诉求与意义体系的深层次话语。

---

[1] Elizabeth Broun, "Telling the Story of America", in B. Messias Carbonell, *Museum Studies: An Anthology of Contexts*, Blackwell Publishing Ltd, 2004, pp. 295−301.

[2] ［美］本尼迪克特·安德森：《想象的共同体：民族主义的起源与散布》，吴叡人译，上海人民出版社2005年版，第167页。

[3] 本质主义与时代主义的用法来自格尔茨对后殖民时期新兴国家的论述。本质主义指的是根据地方传统建立的民族主义意识形态，像方言一样，倾向于让人在心理上感到亲切，但在社会上感到疏远；时代主义指的是根据当代历史一般运动的隐喻形式建立的意识形态，像混合语言一样，在社会上是跨地方的，但在心理上却是强制的。新兴国家的政治建构无论采用何种方式，都必然会在博物馆的实践中得以体现与内化，因此，博物馆在非西方的研究将会为我们提供一条分析非西方国家政权建设进程的路径。参见［美］克利福德·格尔茨：《文化的解释》，纳日碧力戈译，上海人民出版社1999年版，第267—290页。

六、"五观"之外的余论

上文围绕英文学术圈特别是美国学术界对博物馆学研究的主流意见,从五个方面进行了鸟瞰式的叙述与评论。安东尼·谢尔顿的批判博物馆学则构建了另外一种分析框架。

同一时期,英国人类学家麦夏兰编著的《博物馆研究指南》(*A Companion to Museum Studies*)[1]呈现出不完全相同的当代博物馆学视野,某种程度上代表了英国乃至欧洲学界的动向。此书认为,博物馆观念的产生得益于现代型历史感的出现,但在历史的发展中,博物馆却一直游走在过去与现在之间,充满了对"文明野蛮人"的依依不舍。有关博物馆的词源学研究揭示了博物馆实践与形态变迁背后深刻的哲学意味与意义结构,对博物馆概念的解释搭建了一条社会生活与知识体系之间的桥梁。博物馆作为一个具有三度空间意义的场所,是展览设计、秩序分类的实体空间,是一个观念与想象中的精神空间,是策展人、展览与观众互动沟通的空间。博物馆的科学主义与趣味,是当代博物馆"科学正确"的基础,科学主义与国家建构的自然史叙事也密切相关。而且,"科学作为文化"之一部分,科学主义为现代性批判留下了口实。博物馆在民族国家的文化整合与认同过程中引领着意识形态与价值观的潮流,自《写文化:民族志的诗学与政治学》[2]和《作为文化批评的人类学:一个人文学科的实验时代》[3]出版以来,博物馆也在文化批评与话语反思中占据一席之地,成为一块解构现代结构

---

[1] Sharon Macdonald (ed.), *A Companion to Museum Studies*, London:Blackwell Publishing Ltd, 2006.

[2] [美]詹姆斯·克利福德、[美]乔治·E. 马库斯编:《写文化:民族志的诗学与政治学》,高丙中、吴晓黎、李霞译,商务印书馆2006年版。

[3] [美]乔治·E. 马尔库斯、[美]米开尔·M. J. 费彻尔:《作为文化批评的人类学:一个人文学科的实验时代》,王铭铭、蓝达居译,生活·读书·新知三联书店1998年版。

关系、重建秩序的社会自留地（private plot）。

第二部分

新博物馆学的理论关怀

第 5 章　批判遗产研究与批判博物馆学

近 20 年来，批判遗产研究和批判博物馆学研究成为国际遗产研究和博物馆学研究最有活力的领域。它超越基于技术和专业保护实践的权威话语体系，创立了一种基于情感表达、身份认同和社会建设等多视角的新研究范式与方法论体系。同时，它立足当下，审视过往，更畅想可能的将来。我多次参与批判遗产研究和批判博物馆学研究的国际小组会议，持续观察 2012 年国际批判遗产研究协会成立以来的动向。"批判遗产研究"或"批判（性）遗产研究"不能翻译或理解为"思辨性遗产研究"，它与批判博物馆学必须作为一个整体来看待。

中国民族博物馆主办的"博物馆人类学高级论坛"，是中国博物馆人类学的盛会，已经连续举办了多届。参会者以青年学人为主，不少是在读的博士，粗略估计平均年龄不超过 35 周岁，代表性却很广泛，这就是希望和未来。第二届论坛上，我与迈克·罗兰（Michael Rolands）、王嵩山、张展鸿三位博物馆人类学领域的学者受邀做主题演讲，我讲了批评博物馆学议题。他们三位的学术背景不完全一样。迈克·罗兰是典型的"英国派"人类学家，长期研究非洲，对"非洲文明体系"有独特的创建，近年来，他关注中国的博物馆发展，从全球比较的视角提出诸多富有启发和建设意义的理论和范式。王嵩山在台湾大学接受大学教育，在牛津大学取得人类学博士学位，创办了多个博物馆学研究所（中心），教育培养了一大批有人类学、艺术史背景的博物馆学者。张展鸿在日本获民族学（人类学）博士学位，后一直执教于香港中文大学人类学系，为中国香港地区的"物质文明体系"与遗产话语建设，投入了全部的精力。

按照人类学家伊万·卡普等的论述，博物馆人类学包含：（一）在博物馆里从事人类学，即 anthropology at museum；（二）关于博物馆的人类学研究，即 anthropology of museum，从人类学角度来观察研究分析博物馆与博物馆现象。前者基于人类学的演进脉络，即人类学关于物、物件、藏品的民族志知识体系，如克房伯宣称"人类学家有自己的博物馆，而他们（社会学家）则没有"；后者则主要基于当代社会科学和人文学科的批判性思维。因此，要深刻理解和把握当代博物馆人类学的学术边界、问题意识及其背后的理论和思想的根基，需要建立批判遗产研究和批判博物馆学。文化展演、话语系统、博物馆叙事以及文化政治、去殖民化/反殖民化、性别政治、少数人权利、文化赋权/赋能、环境以及动植物权利等，均拓展了批判博物馆学的维度和话语实践。将博物馆学置于当代社会科学与人文学科的总体系统，文化遗产和博物馆研究不再仅限于考古学、文物学、博物馆学、艺术史、教育学、传播学等单一学科之内，如展览的叙述诗学、政治学、文化赋权等等，就涉及行为科学和社会科学诸多领域。梳理当代批判遗产研究（critical heritage studies）和当代批判博物馆学的学术思想、研究脉络，与安东尼·谢尔顿、麦夏兰、罗德尼·哈里森、劳拉简·史密斯、提姆·温特（Tim Winter）等为代表的当代学者形成有效对话，从中国学者的角度提出一些批判与再反思，是论坛举办的主要目的。[1]

---

[1] Rodney Harrison, "What is Heritage?", in R. Harrison (ed.), *Understanding the Politics of Heritage*, Manchester / Milton Keynes: Manchester University Press / Open University, 2010, pp. 5–42; Rodney Harrison, *Heritage: Critical Approaches*, London & New York: Routledge, 2013; Laurajane Smith, "Editorial: A critical heritage studies?", *International Journal of Heritage Studies*, Vol. 18, No. 6, 2012; Tim Winter, "Clarifying the Critical in Critical Heritage Studies", *International Journal of Heritage Studies*, Vol. 19, No. 6, 2013, pp. 532–545.

一、批判（性）遗产研究与中国语境

2018年在陕西师范大学杨瑾教授召集的中英博物馆学对话会议上，我和张俊龙发表了演讲《批判性遗产研究是一场学术革命吗？》，引起了一点点波澜。[1] 这篇论文原本是我们关于批判（性）遗产研究和批判（性）博物馆学的三部曲之一，另外两篇《批判（性）遗产研究的中国语境、情景与窘境》和《中国需要批判（性）博物馆学吗？》都是基于与国内的学术对话而形成的文字。这些论文完成之后，杭州正在筹备召开第四届国际批判（性）遗产研究年会，英文critical heritage studies被变通译为"思辨性遗产研究"。张俊龙所做的研究是从多模态语言学的视角切入新博物馆学主题，此"批判"乃批判性思维意义上的批判，是科学理性的必然要求，显然不是某些人所理解的"批判"。用"思辨"替代"批判"，意思不仅丢失殆尽，而且也容易被误解为"使用错别字表达学术思想"。这种情况下，我们觉得，将几篇的主题重新融合，对批判（性）遗产研究和批判（性）博物馆学进行某些申辩和类似正本清源的工作，也许更有意义。

当前，国内的遗产研究和博物馆学对理论创新议题日益关注，即便在文化遗产和博物馆实践的具体流程中，学理性的追问也已无处不在。但从学术发表看，对于思想性和理论的探讨则显著不足，从事理论研究的人面对日益丰富的创新实践，有力不从心之感，以至于有人认为博物馆实践和文化遗产实践似乎不需要理论的引导或指导。从事遗产和博物馆的学科，更偏重于技术和实践领域，主流刊物上的最新文章也热衷介绍操作层面的技术性内容。文化遗产研究作为一个跨学

---

[1] 张俊龙、潘守永：《批判性遗产研究是一场学术革命吗？——关于批判遗产研究内核的讨论》，杨瑾主编《开放与共享：博物馆学理论与实践新探索》，人民出版社2019年版，第131—141页。

科领域，于 1960—1970 年代渐成气候，与世界遗产运动基本同步。其时，正是启蒙反思如火如荼的时代，批判（性）遗产研究和批判（性）博物馆学似乎是近年的一股逆流。其实，批判（性）遗产研究自 2012 年批判（性）遗产研究学会（Association of Critical Heritage Studies，简称 ACHS）成立以来，一度极受追捧，首届会议时提交的论文多达 500 篇，而在蒙特利尔召开的第三届年会居然有 800 名注册参会者。这些现象充分说明文化遗产研究已经不再限定在某些单一学科范畴之内，而是更广泛地进入了广义理论批评的领域，这与 1970 年代世界遗产概念提出时的批判反思思潮（启蒙反思）似有一比。当然，当下这些对文化遗产批判反思的社会文化与思想根源，国内外学界尚未来得及系统整理。

我有幸与批判（性）遗产研究的诸位领军人物有一些交往，参与哈里森的"面向未来的遗产"研究计划（2014 年英国人文基金重大项目），参与批判（性）博物馆学创始人安东尼·谢尔顿的学术小组，与麦夏兰、劳拉简·史密斯、朱煜杰都是学术好友。批判遗产研究学会创始会长提姆·温特两次访问上海大学时，我们都安排专场讲座和对话交流。2018 年温特"转会"到西澳大学，筹办遗产研究研究生班，来中国做招生推广工作，我们又有几次长谈，他对丝绸之路遗产议题的热心令人感动。2019 年浙江大学严建强教授团队主办"批判性探索中的文化遗产和博物馆"小型研讨会，主要议题是如何将欧洲批判（性）博物馆学研究团队的代表性著作更准确地翻译为中文，我接到的题目是对 10 个名词的翻译发表意见。

最近 10 年以来，"批判（性）遗产研究"似乎已经席卷全球，在多个涉及文化遗产的学科领域"遍地开花"。国内学界虽然"反应较慢"，反响不热，但不乏"遗产本体消失论"以及"批判遗产空洞论"的不同态度或指向。在中文对译中，学者似乎也各有所好（所需），有的使用"思辨遗产"，有的使用"警示性遗产"（或"警世遗产"），但是最简单的直译"批判遗产"（或批判性遗产）反而成为少数。

二、"批判（性）遗产研究"是一场思想革命还是学术革命

前文提到，我和张俊龙在 2018 年做了会议演讲《批判性遗产研究是一场学术革命吗？》。当时的想法是先做学理的梳理，再回来处理思想（思潮）和方法论（学）议题。事实上，学术的与思想性的议题，从来都难以分割，因此，这里需要将前面没有论述清楚的问题再做引申。

批判（性）遗产研究，作为一个专有名词，目前已被学术界广泛接受，但在其他学术领域，这个词里的"批判性"并非唯一的意思。2019 年 6 月参加浙江大学遗产著作翻译研讨会时，我深刻感受到不同学科对批判遗产研究的理解是很不一样的，对于关键性概念的认识也有很大差别。此外，在管理学中，critical approach 通常翻译为"关键方法""关键路径"。而 critical incident technique 被译为"关键事件技术"（CIT），是一种分析方法。哈里森的名著使用 critical approach，也有"关键方法""关键路径"的意思，是毋庸置疑的。

遗产运动作为全球化的组成部分，它试图构建的"全球准则"在极具批判性的人类学家看来，其实也属于"地方性知识"的一部分。中国语境之下对"人类共同遗产价值"的认同，在很多时候是主动融入国际化的表现，很难理解为"被动全球化"。自 1987 年长城、周口店遗址、明清故宫、莫高窟、泰山、秦始皇陵及兵马俑六处入选《世界文化与自然遗产名录》以来，30 多年来我们以主动融入国际准则、调整适应"国际话语"为原则，成绩辉煌。纵观整个遗产事业，中国承认人类共同遗产价值，分享人类已有成果。世界遗产流程中欧洲的"先在经验"在中国不会被理解为"不平等""知识上的宰制"，而是被看作技术化的一部分。在有关传统与发现/发明之间的诸多纠葛

中，遗产被重新发现和整理也不会被认为是"传统的发明或再发明"，而是萨林斯（Mashael Sahlins）所说的"传统的发明性"（inventiveness of tradition）[1]。"传统的发明性"是传统具有的本质属性，也是扩展霍布斯鲍姆"传统的发明"概念的学术张力。

回过头来看，也许特伦斯·兰杰（Terence Ranger）会更愿意用的说法不是"对传统的发明"（invention of tradition）而是"传统造成的发明"（invention by tradition）。我们似乎身处"遗产井喷"时代，如何更深层地理解遗产概念及其理论支撑、如何更好地践行遗产保护利用，批判性路径的遗产研究为这些问题提供了可适用的不同声音。

罗德尼·哈里森于2013年提出批判（性）遗产研究的四段论，将世界遗产之缘起、历变及当下划分为四个阶段：（一）开始自启蒙运动阶段，即公共空间的出现，以及1837年法国古建保护委员会成立之后逐渐拓展至英美的古建古迹和国家公园保护；（二）19世纪后期及20世纪前期，民族国家掌控遗产保护，如颁布各项法律、制定遗产保护名录、遗产和遗址数量增加等；（三）第二次世界大战后至1972年，埃及因修建阿斯旺大坝引发数座神庙之国际合作保护，1964年《威尼斯宪章》颁布，1972年《保护世界文化和自然遗产公约》颁布；（四）1972年至今，后现代语境下的当代遗产保护运动兴起，在全球不同地理文化区位语境下，《保护世界文化和自然遗产公约》存在迻变、适用的过程。其中，1960、1970年代以降的遗产研究，既是对当时全球社会政治文化语境变动作出的有意识回应，又为其背后的权威性遗产话语所主导。此类遗产话语源于欧洲，以考古学、建筑学和历史学为支撑。

首先，遗产研究是对下述几项交织事象所做的有意识的回应：

---

1 Marshall Sahlins, "Two Or Three Things That I Know About Culture", *Journal of the Royal Anthropological Institute*, Vol. 5, No. 3 (Sep., 1999), pp. 399–421.

（一）第二次世界大战结束之后，极为高涨的公众性、民族性和国际性政策致力于"抢救"被视作人类为"后代福祉"而创造的"脆弱的、有限的资源"；（二）对遗产缺乏管控的经济性开发越来越强，这与社区博物馆、生态博物馆的宗旨存在矛盾，如1970年代学界对遗址的潜在商业化或迪士尼化深感担忧；（三）1980年代如英国首相撒切尔夫人推行的文化遗产管理体制改革等西方国家的政治层面、社会层面运动，加之保护性社会文化政策对遗产概念的愈发重视；（四）20世纪晚期，遗产被视为政治资源。在此，遗产的政治意义和社会意义可归置于"身份认同政治"（identity politics）、"承认政治"（politics of recgnition）、"差异政治"（politics of difference）[1]。

其次，于学界而论，从1990年代起，遗产研究即由两类学术研究主导：第一类被称为文化资源管理或文化遗产管理，是由建筑学、考古学、艺术史等学科掌控的技术性工作和个案研究。该类研究秉持的理念是，借助（精于民族性、国际性以及合法的政策性技术应用的）训练有素、客观专业的专家支持，他们可以忽略甚或调控遗产的政治效用。这种基于个案的研究，实则模糊了系统的、政治的和文化的议题，抑制了理论的探讨，对遗产保护实践中超出学科架构的影响不愿做整合性分析。第二类研究受精英观念影响，认为遗产是历史的相反形态和大众流行形态，遗产的大众流行形态需要受到质疑，并要受历史学家、考古学家和博物馆策展人等专业人士的监督。此类工作明显缺乏方法论动机和理论动机，视自身为"政策讨论"（policy debate），在某种不可言说的智识性、政治性标准下讨论遗产。

1990年代以来，一股重要的批判（性）遗产研究潮流已有所现，以地理学家布赖恩·格雷厄姆（Brian Graham）、格奥尔·阿什沃思

---

[1] Laurajane Smith, "Editorial: A critical heritage studies?", *International Journal of Heritage Studies*, Vol. 18, No. 6, 2012, p. 537.

（Gregory Ashworth）、约翰·坦布里奇（John Tunbridge），社会学家托尼·本内特（Tony Bennett）、贝拉·迪克斯（Bella Dicks），人类学家芭芭拉·科申布拉特-金布勒特（Barbara Kirshenblatt-Gimblett）、麦夏兰，考古学家丹尼斯·伯恩（Denis Byrne）等为代表。然而，这些专家学者的研究仍为前述遗产研究的两类主导领域所忽视，或于（认为遗产研究仅为技术性保护的）学术研究资金及评价体系中受冷落。

最后，权威性遗产话语（Authorised Heritage Discourse，简称AHD）作为能够影响遗产研究和国际遗产实践的主导性话语，实际为欧洲中心的专业话语，强调遗产的普识性方面如重大纪念性、物质性和民族性叙事的内在价值，尽力闭塞对遗产的批判性反思。鉴于此，诸多学者为跨越上述限制，有意识地同此主导性研究保持距离，提出"批判（性）遗产研究"。

批判（性）遗产研究研究什么？如果批判（性）遗产研究只是一个纯粹的概念或噱头，它在学理上就难以成立。哈里森在其2010年的一篇论著中使用"批判（性）遗产研究"这个术语，他应该是第一位使用此名称的学者。[1] 扼要而言，批判（性）遗产研究旨在超越技术层面以介入遗产，对遗产概念做更为批判性的思考和介入，以突破以往的整理编辑和简单的个案研究；其研究基点是认识到遗产作为一种现象，会产生文化性、政治性和社会性影响；其立足点是挑战权威性遗产研究，开启一种研究领域以探求遗产的不同概念、功用和观念。一般来说，权威性遗产研究赋载于权威性话语与国际性宪章、公约及其他条约之上，致力于传播、加强权威性遗产话语及其他关于遗产的以欧洲为中心的理解、功用和观念。

---

1 Rodney Harrison, "What is Heritage?", in R. Harrison (ed.), *Understanding the Politics of Heritage*, Manchester/ Milton Keynes: Manchester University Press / Open University, 2010, p. 42.

遗产研究具有合法性，不仅因为遗产的重要性，还因为遗产的高度政治风险性。后者不只基于表征过去所选用的方式，更关乎当下关于文化性和社会性身份认同、地方感与记忆的表述是怎样被利用以争取得到认可和政治性、社会性掌控。遗产的重要性已超越经济利益抑或一些空洞的宣言。遗产之所以重要，是因为它对人们的生活乃至生命存在情感性、政治性和智识性影响，为此它不但值得，更急迫需要批判性研究。[1]

为对批判（性）遗产研究之基本概念做更为准确的引介阐述，第一届批判（性）遗产研究会议的论文刊发于《国际遗产研究》（International Journal of Heritage Studies）第 19 卷第 6 期《批判（性）遗产研究》（Critical Heritage Studies，简称 CHS）专号中。提姆·温特强调遗产研究的重心应该从所研究学科转向所需关注的目标，换言之，需主要关注当下所面临的重大议题以及基于遗产而产生、扩展的更大议题；为此，他提出两种导向性策略——消解或消除基于人文社会科学的遗产研究与由科学唯物主义引导的专业性研究之间的紧张关系；关注遗产研究同区域性、全球性转型之间的关联，这需要基于对文化、历史和遗产以及实现这些转型之背后社会政治力量的后西方性识解。[2] 批判（性）遗产研究，仿依《批判性亚洲研究》杂志于 1969 年的创刊宣言，汲取现今的学术批判与反思，"批判性"立场有其明确的道德伦理和思想形态关怀。其任务有：（一）继续推进对联合国教科文组织专业机构及其实践的批判；（二）厘清遗产在现今世界面临的多重多向挑战中所担角色及所起积极效用；（三）认清与文化和遗产保护相关的利弊。这些方向的坚持需要两点支撑：（一）坚持后

---

[1] Laurajane Smith, "Editorial: A critical heritage studies?", *International Journal of Heritage Studies*, Vol. 18, No. 6, 2012, p. 538.

[2] Tim Winter, "Clarifying The Critical in Critical Heritage Studies", *International Journal of Heritage Studies*, Vol. 19, No. 6, 2013, pp. 532-545.

西方性视角；（二）与遗产保护领域一道展开更高效的介入性/参与性（engaged）互动。批判（性）遗产研究要想有所作为，自身需建构一套融通智识和领域边界的话语。

其次，世界秩序变动让人类对未来产生前所未有的不明确感和不稳定感；因公众关注和资本的大量进入，遗产陷入气候变迁、可持续发展、人类安全、多元文化主义和冲突纷争等多项议题，这种情况在发展中国家更为突出。相比西欧和北美，世界其他国家和地区对遗产的广泛利用甚至滥用已达到前者几乎无法匹及的强度、频率、速度和效应。这种增长趋势，部分是当下社会和政治生活与治理模式转型的表征，部分捆附于后工业式全球资本生产新模式的身份认同。再次，遗产保护作为一种科学唯物主义的历史，可以追溯到17—19世纪（尤其启蒙运动后）。当时，关于知识的理性科学主义范式，成为一种认知世界的方式，即收集证据、优先考虑探索发现和分门别类、约化可证真理、思辨真理。这使得19世纪诸如考古学与建筑保护等学科采用经验主义和自然历史作为建构科技性方法论的基点，继而关注遗产文本——建筑、绘画、雕刻等人工制品。此处呈现的是对遗产保护之科学唯物主义的进一步加强。及至20世纪早中期，考古学、建筑保护和博物馆均强调要使用现代的、理性的、经验的和科学的方法，各种国际组织也无不立足于这种科学性知识实践。1972年《保护世界文化和自然遗产公约》亦是基于物质概念中心的保护。眼下，数字遗产保护的精确度，同遗产保护核心之模糊的"社区"或"文化旅游"概念之间的知识论导向差异，尤为明显。

最后，基于概念视角、方法论视角、教学视角和机构视角的四层论述，提姆·温特认为：批判（性）遗产研究面对遗产研究领域中社会人文学科同自然科学学科之间的知识鸿沟，尤其是二者之间的相互排斥及内部分支的高度专业化倾向，需要进行更多跨学科的尝试；同时，应在批判（性）遗产研究与遗产保护具体专业实践之间进行更为实质有效的互动介入，促进对话沟通，消除分歧，建立相互信任，促成新型评价基准，打开全新视野；在遗产研究教学领域，除却囿于自然科学技术性的知识论导向，遗产研究领域背后的社会政治文化复杂脉络同样需要被传授教导；相较以物质为中心、以科学为导向的重大纪念性建筑研究、陵园式建筑研究和记忆研究，当前弥散于减少贫困、气候变化、可持续性、人权、民主和国家未来的遗产应同文化遗产自身保护一样受到同等重视，人文社科导向的遗产工作若能直接介入基于问题的遗产研究，将非常有益。综上而论，从后西方视角思考，遗产研究不是将原居民知识置于前景以对抗"西方理性思维"，而是在知识生产领域对当下的急迫性挑战作出回应并积极介入，以突破原有知识论固有界限，将文化与自然交融，换个视角讨论遗产。

三、博物馆学与遗产研究中批判性理论构建的思想基础

西方"航海大发现"以来的人类历史书写，其背后是站在西方人角度，以非西方的、遥远的、异化的、想象的"他者"为镜像来认识"自我"。这种笛卡尔式二元对立的认知判断对遗产研究之影响，从最初对有形的重要古建古迹之保护，再到对遗产话语实践表征背后意蕴之细描，达至现今的本体论和情感转向，演变路径呈现出一种批判性。艾玛·沃特顿（Emma Waterton）和史蒂夫·沃森（Steve Waston）认为，可适用于遗产研究的诸多学科理论需要进一步发问提升。[1]实际上，即便是对遗产本体论生疑，遗产研究也只会从批判性的再刺激中受益。"批判性想象"的提出，旨在汲取诸多学科理论并观察理论介入的广

---

1 Emma Waterton, Steve Waston, "Framing Theory: Towards A Critical Imagination in Heritage Studies.", *International Journal of Heritage Studies*, Vol. 18, No. 6, 2012, pp. 546–561.

度和目的，以将它们用于恰当语境。通过历时性分析遗产本体（theories in heritage）、遗产表征（theories of heritage）、遗产行为过程（theories for heritage）三类渐序性且交叉连接点相衔的理论进路，两位学者绝非意欲创设统一论点，而是致力于一类发散性探索性议程——颠覆遗产是什么或者遗产可能是什么的论点，代之推问理论能有何作为及如何付诸实施。此举意在使遗产自身去中心化，更多涉及不断变化的遗产以及其他知识与理论的介入，使之在更广阔的环境中意义不凡。

遗产本体视角论（theories in heritage ontology）作为遗产研究领域出现较早的理论之一，同物质文化研究密切相关，主要涉及考古学、艺术史、建筑学和人类学等学科，重点关注物质性，多数观点围绕遗产本质价值与遗产管理的不同模态，如旅游业和博物馆学等学科对遗产研究的介入，注重遗产保护、遗产的游客管理和阐释，此处介入遗产研究的理论，多通过教育和阐释服务于遗产物质性，与其目标观众达成有意义的相遇，大部分受乌泽尔（Uzzell）的"主题—市场—资源"模式影响。遗产本体维度的理论，其建立基于各种操作管理和更为深层的遗产概念之间的张力，围绕管理和展陈中何为"好的实践"展开，且常涉猎市场营销、财政金融、人力资源等领域。关于遗产本体的架构性理论，依然是现今遗产研究的主流，是世界遗产运动影响下的学科体系与学科布局使然。

而世界遗产旅游衍生出的其他学科，基于游客的思路，仍关注遗产的高效管理经营与达成此类目标的方式。在这些学科中，人们多被想象成孤立于他们的社会语境，被架构为消费者、游客，或者更模糊些的观光客。这些源于遗产研究外部但被用于研究遗产的理论，具有某种工具属性，很少触及本体论层面的遗产。在建立关于物质文化和过去的面向时，它们认为问题的消解依赖于某种能解决问题的遗产管理方式。这些理论具有与实际操作的相关性且极易归类——它们（这些理论）能为实践者所共享或者能以某种有益或发展性的方式挑战实践，理论因而得以成形。此类理论更多地将游客视为被动的"接受者"，沟通是设定的，产品是定制的，相遇是被操控的。我们需要思考遗产商品化或过度商品化的倾向和可能，这就引入了原真性、身份认同、商品化和社区遗产等议项——现于1980、1990年代的概念，至今仍为学界所不断讨论。

遗产表征——第二类遗产研究的架构性理论，起于1980年代中晚期的英国，将遗产视作一种"产业"，基于该民族国家的过去而忽视其未来。这种重要的历史文化观点使遗产研究从客体转向遗产之社会文化语境及其意义。遗产在此作为一种社会文化现象，连接遗产客体，作为表征的角色，从而阐释遗产建构意义中的文化机制，以批判性视角打破遗产本体论的短板。正是这种遗产研究的尝试，认识到潜在意识形态的宽广性、包容性、抽象性，使遗产表征维度区别于遗产本体维度。此类理论受西方结构主义、后结构主义/后现代主义、建构主义和后殖民理论影响，发问关于过去的意义（特别是霸权意义）表征是如何在某民族国家处于经济重组、社会动荡或面临全球化影响时，高效论证一个民族当下的合法性或者重新承载其内在本质的。至此，通过分析和阐释遗产之表征，弄清遗产内容和价值是如何被传播、被认识、被理解，什么被隐瞒，什么能被揭示，变得尤为关键。正如劳拉简·史密斯所言，权威性遗产话语是一类单一的权威性话语，反映了面临对过去潜在冲突的阐释时，对身份认同、民族感情和社会整合的思考。

遗产实践、过程和情感研究的产生，是因为遗产表征研究无法回应诸多问题——政治经济权力、文化差异、指称和身份认同的语义链、意义创造的语言结构等。上述问题实质是追问我们自身的存在，我们自身发生了什么变化。究其核心，这些问题是关于遗产空间对个人、寻常事物和每日生活所产生的影响，不论它们是物理性的、话语性的抑或情感性的。该类研究是对情感人类学研究的进一步拓展和延伸。整体而论，虽然遗产的表征研究已经非常复杂，但在我们的介入（实际工作）中，仍有一些更为深层的超出文本性和视觉性语域的"工作"，不仅要抓取体验状态，更要关注感觉性、触觉性、躯体性、动觉性话语。此部分主要包括社会学的移动理论（mobilities theory）、自然科学和社会学的行动者网络理论，以及（源于心理学、在社会理论和文化地理学中得到演变的）情感。另外，德勒兹对活态、生命、表述和经历、感情和情绪的探索，以及因行为与其前置语境相切分而生发出的新型关系，让他将研究注意力移向"展演性"（performativity）实践，即对事物、空间和时间的主体性介入所呈现的动态关系的一种描写。由此推测，遗产不再是传统意义上隔绝于其他经历之外的事物，将其置于人类生活的鲜活场景中，遗产便成为生活长河中存在感、契合感和归属感的标志，且独具复杂特色。

移动理论的核心"非表征"（non-representation）植根于身体和物件之间的关系形态，以及身体和空间结合的新陈代谢。移动理论将遗产作为人、物件和地方之间动态交织的结果，以及社会和空间的交互界面，有潜能将遗产理解为身体与物件/空间关系的一类实例。行动者网络理论为理解社会行为提供情境化和具神性视角，关注人类和非人类参与者或"行动元"之间于意义创生中的相互交织。行动者网络可理解为个体、群体、物体、人造物和无形事象之间的任何排列组合，它们相互组合，以此创生某种活动场域，简言之，人类和非人类的物体都有"行动"的潜能，都有能动性。这种理论导向的是"去研究什么"而非"去如何理解"。该类遗产研究源于人或物体自身的多样性和异质性。最后，遗产研究的情感转向更是植根于"表征性之外"，以此试图充分认识并理解我们显而易见的多重世界，不仅是人类的，也不仅是文本的多感官的。遗产情感研究者更多地思考难以计量的每日实践和过程同文化世界之间的交互，注重感觉、情绪和情感，呼应现象学的观点，将"展演""具身"等概念置于前景，以求将意识之外的所有人类生命界域变成能为人所理解的东西。相较于前两者，遗产情感研究更专注于未来意向，强调情感在遗产工作中的影响，阐明流动于身体和地方之间的感觉和情绪的强烈。情感不被固定在某一个体或群体，而是传播、运动、流变的，在运动中吸纳诸多物体、地方和科技。先前的遗产研究集中于"表征性"，但也要意识到遗产的展演性以及表征性仅为遗产介入的多种可能表达之一，不同的人不可避免地会对某一特定遗址产生不同反应。情感如同氛围，无形但可在我们身体内部和身体之间被感知，作为情绪被理解和表达。感知、理解与表达可能暗暗集中于个体层面，但更为侧重日常生活中的人际交互以及由此而生的边界。情感在空间边界的体现以及身份认同和意义的体现中起到一定作用。

综上，我们的核心理念是可持续性，即理论不仅是前提，还是先辈的启迪，应予以尊重。谨慎地说，我们知道要做的是什么，即探求利用不同的框架为我们所称的批判性构想形塑一个连贯性基底的可能性。质言之，上述三个方向各有其自身价值，没有一个是多余的，它们之间是相互补充而非继承或竞争关系，我们的理论视野不只要延至能提供遗产时间、行为、过程研究的学科，同样需要扩大到那些能对遗产本体研究和遗产表征研究予以批判性思考和正在思考的学科，它们实际上已成为某类复杂的理论连续体。

四、批判博物馆学没有未来？

从批判（性）遗产研究和批判博物馆学的视角看，遗产或者遗产保护实践并非单一的一类社会文化现象，博物馆实践也是如此。遗产保护一直被认为是操作性的实践活动，不是学理性的思想活动，所以各国的遗产保护实践均可以上溯到很长时间以前，有悠久的历史传统，而遗产研究（或遗产学）作为一个核心议题，是1980—1990年代才发展出来的。同样，博物馆实践有久远的传统，现代意义的博物馆也有数百年的历史，但博物馆学一直不被认为是独立的学科，甚至不被认为是一个独立的研究领域，直到新博物馆学运动开始，"普通博物馆学"才获得了更充分的发展空间。在 21 世纪开始的几年里，英美等国的学者一直在追问"博物馆学存在核心文献吗？"其实意思很明白，博物馆学是一个独立的学科吗？

遗产保护实践、博物馆实践是一套技术性的实践操作，必须满足技术话语，所以具有突出的"专业排他性"。而事实上，遗产和博物馆领域在最基本的层面是一种社会事实、一类文化现象，而非纯粹的面向技术性和政策性的争论。国际批判（性）遗产研究协会的宣言称："遗产和其他任何事物一样都是一种政治行为，我们需要认真对待那些利用遗产而得以维持的权力关系。"[1]

第四届国际批判（性）遗产研究协会大会选定的主题是"跨界视角下的遗产"，讨论不同学科如人类学、考古学、社会学、语言学、建筑学、城市规划、博物馆学、旅游学等对遗产保护实践、研究的全球影响。上述学科均拥有许多不同理论流派，区域发展等也是不平衡的。受麦夏兰推荐，我和方李莉教授共同参与英国国家人文基金重点项目"面向未来的遗产"，项目召集人是伦敦大学的哈里森教授。在项目执行的四年多时间里，我们充分感受到遗产话语实践的地区差异性。[2] 众所周知，世界遗产运动所追求的恰恰是"文化价值的一致性"即突出的共同价值（普遍意义），也就是说世界遗产运动影响之下，我们的原则是"求同"，这显然不是人类历史发展的真实，至少不是唯一的真实，所谓真实性原则受到的挑战还远远不至于这些。求同与存异之间，如何达到平衡？

---

[1] http://www.criticalheritagestudies.org/history/ ［访问时间：2022 年 12 月 16 日］
[2] "面向未来的遗产"之中国学者信息见网站 https://heritage-futures.org/partners/ ［访问时间：2022 年 12 月 15 日］

2017年6月7—9日,在史密森学会伊萨卡、英属哥伦比亚大学安东尼·谢尔顿等的倡议之下,"边界与打破:移动时代的博物馆"(Borders and Interruptions: Museums in the Age of Global Mobility)工作坊在墨西哥城举办。[1]我、倪威亮和溥摩根作为中央民族大学博物馆人类学团队与会,工作坊针对当前互联网时代人人都是"移动端"所带来的变化以及对博物馆发展的挑战,进行了充分讨论,并且针对特朗普政府在美墨边界的"建墙"计划,提出"打破博物馆边界"议题,以及全球协作与协商机制的各种可能性。批判博物馆学理论的发起者安东尼·谢尔顿不仅分享了他的学术思想,更分享他在跨界(人类学、博物馆学、当代艺术策展等不同领域)上的实践体会,以及他和团队在全球不同地区的研究案例。他表示,下一轮的"边界与打破"对话可以考虑在日本或在中国,或以轮流的方式进行。墨西哥文化部官员和学者则表示,墨西哥城不仅很荣幸地成为这个博物馆人类学全球对话小组的发起地,也愿意成为这个对话小组的永久驻地。这让我想到,批判(性)遗产研究最初从澳大利亚学界发起,然后才扩展至全球其他地区,批判博物馆学的学术圈子至今不大,学人分散各处,墨西哥有全球一流的人类学博物馆,应该是一个不错的选择。批判(性)遗产研究理论很早就进入中国学术领域,但不是在遗产和博物馆园地,而是在马克思主义美学领域。早在十多年之前,《马克思主义美学研究》等刊物对英美国家的批判(性)遗产研究就开始了系统的译介,托尼·本内特这位批判性研究的先行者的大部分理论和思想,均为这

---

1 Gwyneira Isaac, Diana E. Marsh, Laura Osorio Sunnucks, "Borders and Interruptions: Museums in the Age of Global Mobility", Mexico City, 7–9 June 2017, In *Museum Worlds: Advances in Research*, 2019, pp. 182–199.

个领域的学者所熟悉。[1] 麦夏兰关于"棘手遗产"的研究也早有节译。[2]《托尼·本内特文化理论研究》是 2013 年山东大学文艺学的博士学位论文,[3] 武汉大学的学位论文中也有专门研究托尼·本内特文化理论的。可见,有关遗产的批判性思考在中外学术界几乎同步。这似乎说明遗产研究领域的批判性视角在一定程度上是对西方政治经济学的承继和发展。

---

1 [英]托尼·本内特:《形式主义与超越》,强东红、陈春莉译,柏敬泽校,《马克思主义美学研究》2006 年第 1 期;[英]托尼·本内特:《文化、历史与习性》,陈春莉译,强东红校,《马克思主义美学研究》2009 年第 2 期。

2 [英]沙伦·麦克唐纳:《骚动不安的记忆——对棘手的公共遗迹的干预与争论》,陈春莉译,强东红校,《马克思主义美学研究》2008 年第 2 期;[英]沙伦·麦克唐纳:《博物馆:民族、后民族和跨文化认同》,尹庆红译,王斌校,《马克思主义美学研究》2010 年第 2 期。

3 张朋:《托尼·本内特文化理论研究》,博士学位论文,山东大学,2013 年。

第6章　新博物馆学视野下的博物馆教育

近年来，博物馆教育被视作博物馆的"灵魂"，与收藏保护、研究和传播共同构成博物馆的功能主干。这与1980年代中国文物博物馆界争论"文物保护与利用谁优先"（以及目的论），形成鲜明的对比。文物藏品的保护和利用都是博物馆存在的根本目的，是相辅相成的关系。

中国博物馆界对博物馆教育认识和定位的变化，表明以往围绕"物"建立起来的博物馆学正在向"以人为中心的"博物馆学转变。教育成为博物馆工作的重心和中心，与国际博物馆界的基本认识是一致的。国际上很多博物馆的网址后缀都是edu（教育网站），表明博物馆是一个教育机构。在我国，这个转变还需要一些时间，但只要认识上改变了，博物馆回归教育根本职能的日子就不会太遥远。

笔者曾在多个场合、撰写多篇文章讨论博物馆教育议题，这里整合部分文字，围绕三个基本议题，谈谈对于博物馆教育的看法，同时也表明为什么在新博物馆学视野下我们必须重视这个议题。

一、博物馆教育者身份与角色的变化和转换

博物馆教育者是什么身份和角色，是博物馆教育首先要解决的问题。由于不同类型的博物馆在使命上的不同，其教育者的身份与角色会有一些差异，这里暂时忽略这些差异，仅就一般意义的教育者角色

进行讨论。

所有的学者和博物馆管理者都承认，教育者是博物馆教育实现的中介或关键环节。但教育者也是博物馆教育产品与活动项目以及博物馆教育定位、开展与评估等的决策者和执行者吗？对这个问题，不同的人会有不一样的看法。近年来，教育策展人（education curator）这一新角色的出现，也是教育者主持展览并获得尊重的体现。[1]

贝尔·胡克斯（Bell Hooks）曾通过系统论述底特律美术馆（Detroit Institute of Arts）以及安大略艺术馆（Art Gallery of Ontario）的常设展览改陈和主体建筑工程之间的关系，展现了博物馆教育者如何从博物馆组织等级边缘走出来、成为博物馆事业领导之一的过程。博物馆教育者成为博物馆变革的中坚力量。[2]

我个人觉得这两个案例都非常精彩。在贝尔·胡克斯看来，教育者在博物馆策略决策过程中的传统地位是边缘的，他们的特长是联系公众，这是实现地位转换的关键。通过审视博物馆教育者角色在转变过程中的特质，各种类型博物馆中的教育者或许能够受到启发，能够批判性地看待可能存在的机遇。以下简要征引胡克斯的论述：

> 多年以来，各种类型的博物馆不约而同地进行着意识形态上的转向，即在它们的整体策划工作中关注观众的观点、需要和体验。博物馆模式正在缓慢地从一种馆方权威说教、观众处于被动地位的形象转变为一个有趣的、参与式的伙伴。本文主要探讨最近发生在两个艺术博物馆的例子——底特律美术馆和安大略艺

---

[1] Jennifer Wild Czajkowski and Shiralee Hudson Hill, "Transformation and Interpretation: What is the Museums Educator's Role?", *Journal of Museum Education*, Vol. 33, 2008, pp. 255–264.

[2] 贝尔·胡克斯是一位著名的女性主义理论家。见 Burke, B. (2004) 'Bell Hooks on Education', *The Encyclopedia of Pedagogy and Informal Education*, https://infed.org/mobi/bell-hooks-on-education/［访问时间：2022年12月16日］

术馆,它们通过常设展改陈和主体建筑工程重新发展与观众的关系。[1]这两个博物馆的教育部门在其中发挥了异乎寻常的作用。

将博物馆转换成对话式的空间,需要新的法则与职责。随着博物馆任务的转变,机构中优先考虑的事情就会出现。在促进博物馆体验的活力与对话设计中,阐释策略有助于激发观众的想象、思考、情感,并且鼓励他们进行自我反思和社会参与。因此,负责阐释与公共设计的部门将具有深远的影响力。在这种场景下,阐释是艺术、物件、观点被呈现给观众,并促进观众体验的多种方式——我们需要注意,观众体验在本质上远非单一(singular)。

强调这些优先考虑的事情需要新的专业知识、组织结构和新角色。在过去,有关艺术馆设置的关键决定出自馆长(curator),其他人员支持馆长的设想。伴随着艺术博物馆转向,由馆长、教育者、设计师、评估者和工程管理者组成的多学科团队需要共同重构艺术馆设置与展览项目。他们开始日益理解多重专业参与协商的重要性,而不是过去的等级与控制。

底特律美术馆面临着长期拖延的基础设施建设议题,在2002年,美术馆抓住机会进行综合整修,这一工程从根本上改变了观众体验博物馆的方式。从美术馆工程初始阶段的追踪研究显示,观众并没有参与到博物馆人员所满意的艺术与以文本为中心的阐释中来。为了保持活力,底特律美术馆放弃了仅仅满足艺术史领域和内行人兴趣的策略,博物馆决策层让跨学科的团队人员基于他们的展览知识和广泛的观众研究评估来再造空间,以此将关注的重点转移到观众体验上来。美术馆的所有决策——物件

---

[1] 艺术馆在2007年重新向公众开放,所有美术馆(约有130家)全部进行了整修与再阐释,安大略艺术馆建筑在2008年11月重新开放,增加了一半多的展览空间,110个展室被整修。——贝尔·胡克斯原文注

的选择、讲述的故事和使用的阐释策略——都需要经过团队通过的七项以观众为中心的标准的衡量。这些标准涉及"观众在参观过程中有受欢迎和舒适的感觉""通过加深凝视、提升阐释技巧，观众与艺术品的关系能够更加深入与亲近"等。

　　在开始做主体建筑预算时，安大略艺术馆考察了一个包含机构价值在内的策略设计过程。核心价值在此浮出水面："观众体验是极为重要的。"对这一价值的强调需要人们重新思考如何进行设计与整修。多学科团队（包括阐释策划者和教育者）负责制定展览中观众体验的机构标准。在任务早期，团队人员已经意识到，如果不首先定义美术馆希望通过展览达到的综合成果，那么战略规划也将步履维艰，也就是说，展览的整体框架需要及时明确。为了满足这一需要，团队制定了美术馆工程的六项指导原则：多样性、关联性、响应性、创造性、透明性、探讨性。博物馆决策层意识到，让公众以一种引人注目的创新方式参与艺术体验，方能产生上述结果，这还将成为博物馆未来工作的基础。为此，安大略艺术馆的项目工程必须反映多元化的艺术、观众与体验，与所在社区产生联系并作出回应，启发个体创造力，促进机构内部透明化，提供一个与艺术、观点和相关议题积极对话的论坛与平台。

　　当艺术博物馆意识到它们与公众关系的不确定性本质，并将它们的未来设想与参观和接待联系在一起时，教育部门也开始将工作重心转移到观众身上，以此来促进美术馆内观众意义的生成。在底特律美术馆，名为"阐释教育者"的人员与馆长合作，参与特殊展览的早期策划。与此同时，教育部门也开展内部评估和观众研究项目。在部门内部，从事技术项目的教育者负责进行观众研究与评估，并有专门助理。[1] 阿比盖尔·豪森（Abigail Housen）的美学阶段论加深了教育者对于观众如何在认知层面接受艺术的理解。[2] 这项工作的基础是关于人们如何学习的健全的教育学知识体系，更为重要的是，教育部门重新划定了专业人员的范围，不仅包括艺术史学家和教育家，还包括具有后殖民、跨学科、博物馆研究背景的人员。这种转向有助于拓展艺术与人类体验之间的关系，并且鼓励人员以多重方式而非传统的艺术史路径来思考艺术。这些首创性实践为底特律美术馆变成一个新的以观众为中心的博物馆奠定了坚实的基础。

为了满足"观众体验是极为重要的"这一机构价值，安大略艺术馆的相关人员意识到，他们不仅需要额外的人力资源，还需要以新的方式管理这些资源。被纳入管理团队的阐释教育者进入博物馆教育部门，组成志同道合的团队。更重要的是，新设的教育管理助理对部门与机构实施的"凸显观众"政策有所帮助。这个职位要求具有各领域专业知识，以践行机构始终优先考虑的部分——阐释与观众研究。

在底特律美术馆和安大略艺术馆的综合整修与改陈过程中，因为它们都不约而同强调观众体验的意义，教育人员的重要性日益增强。教育者在决定新的展览策划过程、制定新的文本标准，以及形塑观众结构和指导原则方面发挥着极为重要的作用。底特

---

[1] 最近，肯·莫里斯（Ken Morris）和马特·斯库拉（Matt Sikora）一直在进行底特律美术馆评估与观众研究方面的工作，他们形成了一个新的评估部门。与教育部门不同，他们现在正在进行大范围的博物馆分化，包括次级的领导团队。——贝尔·胡克斯原文注

[2] 早期研究来自 Housen, *Validating a Measure of Aesthetic Development for Museum and School*, ILVS Rev, 1992。整个 1990 年代及以后，所有专业人员都参与视觉思考策略工作坊，不仅为了参观而训练，还学习如何更好地理解观众审视艺术的方式。——贝尔·胡克斯原文注

律美术馆和安大略艺术馆计划将馆舍空间致力于观众互动、讨论和反馈。作为管理者的一员，阐释教育者策划了一系列概念、主题和议题，帮助指导艺术品的选择与安置，以促进观众参与。

这两个例子重在说明教育者对博物馆决策的重要意义。通过领导开发包括书写美术馆文本在内的解释策略，两馆的教育者都在改造工程中发挥了重要的作用。他们所擅长的专业领域诸如不同学习方式的因子分析，不同的参观动机（包括多重声音和视角），教育应用环节如文本、音频、录像、意见簿，以及艺术生产身份，都旨在促进与观众想象力、创造力、思考、情感的对话，凸显了教育者在博物馆中的价值，这也代表了当代博物馆实践中多元声音时代的来临。

二、博物馆教育者的未来：从边缘到中心？

博物馆教育者的地位变得极为重要。面向未来，他们为什么能够成为博物馆中的物（艺术）与观众之间关系变革的倡导者？

在过去的很长时间里，博物馆教育者仅仅扮演辅助角色，在机构设计以及展览策划中处于次要地位。就像葛兰恩·塔柏伊（Graeme Talboys）解释的那样，在圈内人看来，教育并不是一项真正的博物馆工作。[1] 因为博物馆教育者的大部分时间都用来思考公众，因此其工作经常与许多博物馆的关注点——艺术收藏——分离。这导致许多博物馆教育者在生理上和心理上被博物馆主流所抛弃。[2] 就艺术博物馆而言，许多教育者都是经过专业训练的艺术史学家，但他们的工作

---

1 Graeme Talboys, *The Museum Educator's Handbook*, Aldershot, UK: Ashgate Publishing, 2005, p. 19.

2 Graeme Talboys, *The Museum Educator's Handbook*, Aldershot, UK: Ashgate Publishing, 2005. p. 19.

完全不同于从事藏品研究的 curator，相反经常被当作是他人决定的执行者。教育者为普通观众接受培训，传达由策展人写好的内容，辅助博物馆教学，设计一些孩子参与的项目和其他一些远离美术馆空间的项目。虽然这是一项需要特殊技能与专业知识的重要工作，但是这项工作对博物馆的生产模式、传播模式（展览）没有任何影响。

毫无疑问，空间具有政治性，观众在许多博物馆空间中都有切身体会。从博物馆内部空间的分布看，教育者的办公室经常位于博物馆的地下空间，由教育部门设计的一系列活动往往被贬低为展览的一个小小部分，教育只是博物馆展览的一个辅助活动项目。随着博物馆阐释成为评价展览的核心，内容、传播、互动与对话成为考评博物馆的核心要素，博物馆教育者的"空间安排"才逐渐摆脱边缘地位。

一是博物馆教室的设置。目前各博物馆都在主要位置设计了历史教室、艺术教室或科技教室，各种各样的互动项目贯穿于整个展览。教育者的空间（舞台）在扩大。通过空间政治之镜，我们发现博物馆内与工作转换相对应的空间是极为重要的。

胡克斯是分析博物馆空间政治的专家。她观察到，边缘经常被作为缺乏联系和被剥夺的位置，但她认为边缘是一些充满激进可能性的位置。[1] 边缘是挑战权威、摧毁等级力量的地方。[2] 这一思考方式告诉我们，需要质疑博物馆内的语言和转换的本质：如果博物馆教育者确实从边缘进入了中心，那么他们是否正在冒着丢失整体观的危险，在强化以观众为中心的工作呢？

---

[1] 贝尔·胡克斯的作品以社会的种族与性别为基础。虽然我们发现，她的理论对于思考博物馆组织结构的权力关系非常有用，但是这并不意味着在面对社会中的少数族裔时，她所讨论的"断裂"等同于博物馆教育领域面临的局面。然而，她的作品对所有处于边缘地位的人群都具有启发意义，使用这面她提供的"镜子"有助于以一种新的方式探索这种现象。

[2] Bell Hooks, *Yearning: Race, Gender, and Cultural Politics*, Cambridge, MA: South End Press, 1990, p. 151.

传统博物馆中，教育者作为博物馆"边缘人员"，实际上成为博物馆从权威声音转变为社会亲近者的代言人。如果将边缘作为一个反抗位置来思考，我们就创造了一个新的、强调观众声音并试图调和多重声音的空间。这也有助于我们保卫博物馆空间组织结构的新模式，它有助于摧毁过去的等级制，并为那些处于次要地位的管理与策略设计新的观点创造空间，当然也为了观众。

胡克斯将边缘描述为开放性的、充满可能性的、创造性的和转换性的。这听起来合理，然而如果认为教育者正成为博物馆的中心，则是有问题的。首先，很多情况下，事情并非如此简单。虽然有一些博物馆正在转变，但是关于观众个体意义的生成、展览空间的进入，以及展览设置的空间与阐释策略等一系列问题，还都在实验中。其次，许多博物馆的管理者并不承认不同工种之间存在所谓的"边缘"与"中心"，认为这只是工作安排，博物馆是一个系统性工作，目的是一致的，不同工种之间不存在高下之分。但最近 20 年，教育者的身影逐渐贯穿了博物馆工作的各环节和工种，连过去认为最专业的文物保护与修复，也开始通过教育者向观众开放。这是博物馆观众的力量，也是教育者的力量。

三、博物馆教育实现的前提：看待学习的不同观点

对待学习的不同态度，是博物馆教育实现的重要前提，也是博物馆设计教育项目和活动必须了解的内容。

以目前的中国和东亚其他国家为例，学生的升学教育一直是学校和家长对教育认知的核心，甚至艺术教育（音乐、舞蹈、美术等）也是升学教育的补充内容。这种情况之下，自然科学如数学、物理、化学等成为学校教育"第二课堂"的主要内容，成为"考级教育"与"比赛培训"的训练营，艺术教育也完全被"考级教育"与"比赛培训"

所控制。博物馆作为教育机构的可能性和可行性被空前压缩。参观博物馆只是假期的课外活动之一。

这不但是博物馆教育者的责任,更是全社会的责任,尤其是教育管理者、教育设计者的责任。

从博物馆教育工作自身来看,展览阐释的缺乏、教育活动项目的不足以及教育环节安排不畅、与学校沟通不够等,都是博物馆教育不能发挥重要作用和缺少吸引力的原因。

美国的博物馆,无论历史博物馆还是艺术博物馆,其教育部门都会参与展览阐释,有的还成立了专门的释展小组,进一步消化与扩展展览内容。有的教育者还领导全馆的释展小组,全面负责阐释工作。展览的策划者、管理者,如馆长,并不清楚当代教育理论与学习理论,如果没有教育者的参与或主导,博物馆教育自然无的放矢。当代的一些学习理论认为(或者说,东亚文化中有一个普遍的观点),学习是一件很难的事情,没有努力,不能战胜困难或者压力,就不能称作学习,愉快的、毫不费劲的过程与学习无关。而以往的博物馆教育理论认为,博物馆是一个快乐学习的地方,是在玩中学的地方。虽然这个观点在当代主流博物馆教育特别是艺术教育中可能站不住脚,但美国博物馆教育研究的结果表明,一些观众在博物馆快乐而兴奋的体验,与大多数人脑海中关于学习的印象并不相符。

另外,观众在博物馆最可能学到的并不是学校课程里的内容。学校课程内容是多数人认为的"学习"应该包含的内容,如阅读、写作、数学、历史、地理,当学生们再长大一些,就是物理、化学、几何、微积分,也许或早或晚还得学一门外语,当然,还有艺术。博物馆的主题内容则非常宽泛,有时候甚至难以聚焦,与学校教育课程的框架也截然不同。博物馆的陈列主题与学校的课程之间存在明显的断层,如果不理解这些也就无法谈博物馆教育,以及博物馆教育与学校课堂的"衔接"——实际上衔接不上。所以不少人认为博物馆与学习之间没有什么关联。

博物馆鼓励儿童参观。学校或家长带儿童参观，通常希望他们能"学习"到东西，无论科学、艺术还是历史。有一个很有名的例子，是美国费城触摸博物馆（Please Touch Museum）的"科学实验展"。设计者希望儿童了解物体掉落速率与倾斜度的关系，展厅内准备了两个大球、两个透明的倾斜角度不同的大塑料管，希望儿童同时从两个塑料管顶端放入大球，观察不同倾斜度下大球滑落速率的差别。实际上，大多数儿童并没有按照预期做实验，而是随意玩弄大球，甚至从塑料管底部把球往上推。工作人绞尽脑汁，现场示范，反复说明，都没有起到作用。后来，教育小组想到一个方法：他们拍摄了一段教学录像在现场播放，内容是两个人同时从塑料管顶端放下大球，接着观察落下的过程并讨论结果。于是，不用人员引导，观众开始模仿录像中的动作观察和讨论，真正获得了设计者所期望的学习经验。

这一案例表明，博物馆的学习除了指导、示范，也有合作、讨论，它是一个复杂的学习过程。任何简单化的操作倾向，都可能导致一项设计完善的教育活动达不到应有目的。通过研究，博物馆找到了调节观众体验的有效途径，观众的有效参与才是博物馆教育的宗旨和目的。

将博物馆教育项目开放给有研究需求的大学或研究机构的学者专家，是目前许多博物馆在尝试的方法。如以研究幼儿数字概念和认知领域见长的宾夕法尼亚大学心理学教授吉尔曼（Rochel Gelman）经常利用博物馆来开展研究。任何一家博物馆的非正式展览场地都可以进行此类研究。在这里，陈列的更换成本不是很昂贵，研究者可以轻松更换展览标签，而且可以与博物馆工作人员合作，共同构思改进，不断重复实验。但大多数博物馆并没有这样的想法，同样，大学或研究机构的研究者也往往忽视博物馆的存在。

博物馆教育需要做出承诺，即博物馆是一个开放的系统，不仅要开放博物馆中的收藏（这在中国是最难的部分，在西方国家通常不是最难的），更要开放博物馆的空间（空间设置的合理性也是重要因素）以及博物馆的活动项目。博物馆是一个合作学习的场所，观众与物的合作，观众与博物馆教育者以及其他研究者的合作，观众与观众的合作，都是完成合作学习的前提和条件，也是实现博物馆学习各种可能性的保障。博物馆学习是博物馆教育的根本宗旨，博物馆学习的目的是"超越博物馆范畴，就学习这种自然行为本身激发出新的议题和困惑"。

当然，博物馆教育还有两个必须关心的话题：一是了解观众的声音与意愿，也就是观众调查；二是博物馆教育的经济学议题，即教育项目的花费。

第7章 博物馆的日常实践研究：组织人类学的视角

一、博物馆作为日常工作和生活

博物馆学研究的内容，除了藏品、建筑、展览、活动以及观众外，也包括工作人员这一构成博物馆的重要因素。很可惜，在博物馆学范畴内对博物馆工作人员的研究少之又少，多数研究集中在博物馆管理、领导力和博物馆战略与营销等方面。一般的观众调查研究，涉及工作人员的，也主要关注服务质量，这是一个非常笼统而难以聚焦的话题。组织人类学建立了观察和分析博物馆工作人员的视角，如博物馆作为职业生涯的研究、博物馆作为岗位的研究等。

对于复杂架构的博物馆，如大都会艺术博物馆、故宫博物院等大型博物馆，如何研究其中的工作人员？我们遇到的第一个问题就是代表性岗位的选择。因此，选择中小博物馆应该是一个比较好的切入策略。作为一种学术尝试，我们对北京六处名人故居和人物纪念馆的部分一线工作人员和馆长进行学术调查与访谈，并通过对上述场馆系统性的实地观察，形成访谈和观察记录。访谈和观察的中心主要围绕什么是博物馆工作、岗位意识以及如何处理与观众的关系等几个方面。研究所获得的初步结论具有某种普遍性，对于理解"转型期"中国博物馆事业发展有一定的参考价值。遵照人类学伦理，我们对这些场馆和被访谈人做了一定的模糊处理。本项研究与雷虹霁教授、三友洋子女士合作，对于理解如何从组织人类学的视角研究博物馆有一定的参考价值。熟悉人类学的读者一定知道，本研究从完成情况看属于"参与观察"（participation observation）。

在"发展研究"的学术范畴内，社会学家、人类学家总是希望有更多的发言权。新的发展理论，包括经济学中的行为经济学，均倾向于主张社会和文化发展的核心是人，也就是说，人的发展才是社会发展的关键。顺着这个思路，这些年我们也一直在思考，如何从研究"人"的角度来思考博物馆发展议题。我们认为，博物馆工作人员在过去的研究中是一直被忽视的部分。

这项研究采用的方法为质性研究方法，调查时间的选择是从观众视角选定的，以周六日为主，属于典型的"参观时间"或称"工作时间"。深度的参与观察还应该涵盖周六日以外的所有时段，因此这项研究是不完备的。

构成博物馆的主要因素，除了藏品、展览、活动、建筑、观众，工作人员也是非常重要的一个方面，有时是关键要素。肯尼斯·赫德森在讽刺蓬皮杜中心是最丑陋的博物馆建筑时说，这是一个"无人需要的博物馆"，当然对于在那里上班的人来说还是有人需要的，那毕竟是提供工作岗位的地方。[1] 赫德森因撰写了《有影响力的博物馆》《八十年代的博物馆》而知名，这篇发表在《国际博物馆》杂志《直言》栏目上的文章，题目就是《一个无人需要的博物馆》，吸引了众多眼球，当然大部分博物馆人并不赞同他的观点。[2] 他不喜欢"大型"博物馆，所以就发表了这个带有负面情绪的看法。即便如此极端，他

---

[1] Kenneth Hudson, "An Unnecessary Museum", *MUSEUM International*, Vol. 41, No. 2, 1989, pp. 114–116.

[2] 与赫德森辩论的学者很多，*MUSEUM International* 杂志在翌年发表了马祖德（Henri Mazaud）的商榷文章，赫德森做了辩论。见 Henri Mazaud, "About 'An Unnecessary Museum'", *MUSEUM International*, Vol. 42, No. 3, 1990, p. 191。

仍然承认博物馆作为"岗位"的意义和价值。

但以往的学术研究中，关于博物馆工作人员的研究少之又少。"研究人员"在博物馆评级和评估中，虽然也是重要因素，但通常简化为学历、职称、学术发表等非常"概念化"的表格内容，难以形成学术性的博物馆学议题。此外，在观众研究中，工作人员的态度是与观众满意度这个基本指标联系在一起的。"态度"对于服务行业而言属于显性指标，但对于作为知识型服务机构的博物馆来说，则属于模糊性指标，难以概括"工作人员""岗位认知"等议题。我们曾经系统调查过"馆长是谁"，也只是做了纯"静态"的文献学统计分析，给全国2000多位馆长发放的调查问卷，只回收了74份有效问卷。2004年进行的"全国博物馆馆长问卷调查"只具有"事件"的意义，未能获得较有价值的结论。[1]

国外学者关于"博物馆职业生涯"的研究，可以部分说明博物馆人如何认识自己、如何认识博物馆岗位，但对此处讨论的主题而言仍然是隔靴搔痒。篇幅关系，这里不一一征引已有的学术文献，也不对现有认识做过多的评述。总体而言，以往的学术研究数量较少，而且概念性的泛泛而议多，实际研究的案例比较少。

中国具有悠久的历史和灿烂的文化，博物馆收藏、展示的文物都十分珍贵，自然科技类博物馆更是青少年最重要的第二课堂。一般来说，观众通过博物馆的核心产出即展览来认识一个博物馆，不管藏品多么宝贵、建筑有多么长的历史，如果没有科学的展示方法，博物馆的魅力就会大大降低。同时，展示的方式方法很容易反映工作人员对博物馆工作和藏品的认识水平和态度。来到博物馆的观众主要在展厅、活动室获得相关信息，因此展览及其活动空间也是观众与工作人员的重要交流空间。有些观众可能只要看到展示的文物藏品就满足了；有

---

[1] 杨雪梅：《博物馆馆长实行任命制，专业素养引关注》，《人民日报》2011年8月26日。

些观众则希望进一步了解藏品及展览相关知识，有的还会提出商榷性的意见和建议，这样的观众愿意和工作人员交流。向工作人员提问并获得帮助是观众的最基本权利，是博物馆基本效益的组成部分。因此，工作意识、工作觉悟是一项很重要的指标。如果工作人员"觉悟"不高，将参观者的愿望当作额外服务，视为"增量"，这些愿望就不能实现。

如何将"人的因素"纳入博物馆学研究？对我们而言这是一个非常具有挑战性的课题。菲利普·科特勒在《博物馆战略与市场营销》中指出，5P原则（即product 产品、place 地点、price 价格、promotion 营销、people 人员）也适用于博物馆等非营利机构，"工作中的人"也就是"工作人员"是博物馆战略和营销的核心要素之一。

博物馆作为现代性机构，除了共性，还有一定的地方特点和个性化特征。100多年来，中国博物馆的发展历程也见证了机构设置的变迁。

清末张謇设想的博物馆形态，在《上学部请设博览馆议》（清光绪三十一年，1905年）[1]中有清晰表述，全文如下：

> 窃维东西各邦，其开化后于我国，而近今以来，政举事理，且骎骎为文明之先导矣。撢考其故，实本于教育之普及，学校之勃兴。然以少数之学校，授学有秩序，毕业有程限，其所养成之人材，岂能蔚为通儒，尊其绝学？盖有图书馆、博物院，以为学校之后盾，使承学之彦，有所参考，有所实验，得以综合古今，搜讨而研论之耳。
>
> 我朝宏章儒术，昭示天下，诏开四库，分建三阁，足以远迈

---

[1] 李明勋、尤世玮主编，《张謇全集》编委会编：《张謇全集》，上海辞书出版社 2012年版，第113—114页。

汉唐，岂仅蹑掌欧美？顾为制大而收效寡者，则以藏庋宝于中秘，推行囿于一隅。其他海内收藏之家，扃镝相私，更无论矣。今为我国计，不如采用博物、图书二馆之制，合为博览馆，饬下各行省一律筹建。更请于北京先行奏请建设帝室博览馆一区，以为行省之模范。盖赐出内藏，诏征进献，则足以垂一代之典谟，震万方之观听。

用草议案，呈请鉴裁。如蒙采择，乞速奏明办理。至于各省及各府州县，应否即行筹设，乞交所司筹议。窃思此举，上可以保存国学，下可以嘉惠士林。若荷施行，天下幸甚。

清末民国时期，建博物馆被认为和建大学一样，是学习西方、变法图强的举措，爱国主义底色成为发展中国家博物馆的共同特性。博物馆等组织形态要满足开启民智、普惠民众教育（科普教育、审美教育、道德教育）等需求，是民族国家的精神和文化载体。[1]

1950、1960 年代，中国博物馆建设学习苏联模式，以综合地方志博物馆为主，历史和自然兼容，普遍实行"三部一室"制，即设立保管部、陈列部、群众工作部和综合办公室。故宫博物院、南京博物院（前身为民国时期建立的国立中央博物院）沿袭了创立时期的组织架构，没有完全更改为"三部一室"。

《中华人民共和国文物保护法》《博物馆条例》等并没有"博物馆组织"之类的章节和内容。《中华人民共和国公共文化服务保障法》第二章"公共文化设施建设与管理"第十四条定义："公共文化服务设施是指用于提供公共文化服务的建筑物、场地和设备，主要包括图书馆、博物馆、文化馆（站）、美术馆、科技馆、纪念馆、体育场馆、

---

[1] 宋伯胤：《博物馆：学校以外的教育机构——蔡元培的博物馆观》，《东南文化》2010 年第 6 期；蔡元培著，高平叔编：《蔡元培美育论集》，湖南教育出版社 1987 年版。

工人文化宫、青少年宫、妇女儿童活动中心、老年人活动中心、乡镇（街道）和村（社区）基层综合性文化服务中心、农家（职工）书屋、公共阅报栏（屏）、广播电视播出传输覆盖设施、公共数字文化服务点等。"[1]但这些法律法规中均没有组织机构设置的规定。这是一个很大的遗憾。

社会主义中国语境的公共文化服务事业目的是"丰富人民群众精神文化生活，传承中华优秀传统文化，弘扬社会主义核心价值观，增强文化自信，促进中国特色社会主义文化繁荣发展，提高全民族文明素质"。其组织形式和服务内容为"政府主导、社会力量参与，以满足公民基本文化需求为主要目的而提供的公共文化设施、文化产品、文化活动以及其他相关服务"。其基本原则和践行方针为"坚持社会主义先进文化前进方向，坚持以人民为中心，坚持以社会主义核心价值观为引领；应当按照'百花齐放、百家争鸣'的方针，支持优秀公共文化产品的创作生产，丰富公共文化服务内容"。其资金来源是"县级以上人民政府应当将公共文化服务纳入本级国民经济和社会发展规划，按照公益性、基本性、均等性、便利性的要求，加强公共文化设施建设，完善公共文化服务体系，提高公共文化服务效能"。其主管部门分别是负责全国和本行政区域各自公共文化服务工作的国务院和县级以上地方人民政府的文化新闻出版广电部门。[2]

《博物馆条例》对博物馆的定义是："以教育、研究和欣赏为目的，收藏、保护并向公众展示人类活动和自然环境的见证物，经登记管理机关依法登记的非营利组织。"《博物馆条例》第三条规定："博物馆开展社会服务应当坚持为人民服务、为社会主义服务的方向和贴

---

[1] http://www.npc.gov.cn/zgrdw/npc/xinwen/2016-12/25/content_2004880.htm.［访问时间：2022年12月16日］

[2] http://www.npc.gov.cn/zgrdw/npc/xinwen/2016-12/25/content_2004880.htm.［访问时间：2022年12月17日］

近实际、贴近生活、贴近群众的原则，丰富人民群众精神文化生活。"[1]

麦夏兰在英国伦敦科学博物馆进行田野调查期间，察觉到该馆行政工作人员与科研专业人员之间很少沟通交流。馆长关心的是博物馆展览项目的推进实施情况，观众服务部门考虑的是如何将专业的知识转换成观众能够听懂的语言表述，研究人员则力求展览信息的科学性、准确性、翔实性。[2] 博物馆组织机构在科学研究与行政管理之间的轻重博弈，同样贯穿于百年中国博物馆发展历程。

1925 年 10 月 10 日成立的故宫博物院，"将紫禁城这座昔日帝王居住的宫苑禁区，变为平民百姓可以自由参观的场所；将作为君主法统象征和仅供皇帝观赏享用的珍贵文物，变为全民族的共有财富"[3]，博物馆等公共教育文化机构的建立，开启了中国现代化事业的新征程。1928 年 10 月 5 日公布的《故宫博物院组织法》作为中国历史上第一部有关博物馆的法律，部分涉及博物馆组织机构的内容如下：

> 第一条 中华民国故宫博物院，直隶于国民政府，掌理故宫及所属各处之建筑、古物、图书、档案之保管、开放及传布事宜（按所属各处，系指故宫以外之大高殿、清太庙、景山、皇史宬、实录大库等）。
>
> 第二条 故宫博物院设下列各处馆：（一）秘书处；（二）

---

[1] http://www.gov.cn/zhengce/content/2015-03/02/content_9508.htm ［访问时间：2022 年 12 月 17 日］

[2] Sharon Macdonald, "The museum as mirror: Ethnographic reflections", in Andrew Dawson, Jenny Hockey, Allison James (eds), *After Writing Culture: Epistemology and Praxis in Contemporary Anthropology*, London: Routledge, 1997, pp. 161–176.

[3] http://zt.bjwmb.gov.cn/wmcy/sybj/wmcyddbj/t20130913_540266.htm ［访问时间：2022 年 12 月 17 日］

总务处；（三）古物馆；（四）图书馆；（五）文献馆。[1]

1935年《国立中央博物院暂行组织规程》部分涉及博物馆组织机构的内容如下：

  第一条 国立中央博物院直隶于教育部，其任务为提倡科学研究，传布现代知识，保管国有古物，以适当之陈列展览，辅助公众教育。
  第二条 国立中央博物院设左列各处馆：（一）秘书处；（二）自然馆；（三）人文馆；（四）工艺馆。[2]

遗憾的是，1937年全民族抗战爆发，中国博物馆事业"黄金十年"停在了最终的77座博物馆。到1949年中华人民共和国成立之时，全国仅存21座博物馆。是年11月，中央人民政府文化部设立文物事业管理局，负责领导全国文物博物馆事业，相应地，各行政区也成立文物博物馆领导机构，对全国博物馆事业进行社会主义改造，将博物馆定义为科学研究机关、文化教育机关、物质文化和精神文化遗存或自然标本的主要收藏所，其基本任务是为科学研究服务，为广大人民服

---

[1] 吴十洲：《〈故宫博物院组织法〉诞生始末》，《中国博物馆》1993年第2期。其中秘书处负责一切机要、物品簿册保管、本院扩充、理事会议、本院会议、职员进退等事项；总务处负责典守印信、撰拟保存文件、征集统计材料及刊行出版物、工程修缮、本院庶务与会计、开放、稽查、警卫等；古物馆负责古物编目、保管、陈列、传拓、摄影、鉴定、展览等；图书馆负责图书编目、分类、庋藏、版本考订、善本影印、阅览等；文献馆负责档案及清代历史物品编目、陈列、储藏、展览和清代史料编印等。设置院长、副院长、秘书长、处长各1人，秘书2—4人，馆长、副馆长各3人，总务处及各馆分科办事者设科长1人，科员若干，科长、科员数额由院长定夺。
[2] 教育部编：《教育法令汇编（第一辑）》，商务印书馆1936年版，第14—15页。其中设院长、秘书及各馆馆长各1人，秘书、馆长由馆长聘任，秘书处和各馆负责聘用其他助理人员。

务。[1]这是中国博物馆基本性质"三性二务"的来源。

彼时向苏联学习，对博物馆界亦有影响。徐彬如等在出访苏联回来后提到，苏联博物馆基于集体领导和分工负责制度，实行馆长负责制，行政机构简练，业务机构质量高，层次少，领导直接。领导核心包括：一位馆长，负责学术、行政、保管的1—3位副馆长，一位学术秘书。行政机构包括人事、财政、保卫等组，业务机构有保管部、陈列部、群众工作部。[2]这是中国博物馆组织机构"三部一室"的来源。南京博物院前院长曾昭燏在1957年曾对南京博物院未来的组织机构提出设想（如表7-1），可视为这一时期博物馆人心目中的理想模式。

表 7-1 南京博物院组织机构（拟）

院长、副院长					
考古部	民族部	管理部	陈列部	群众工作部	办公室
·石器时代组 ·殷周组 ·秦汉以后组 ·绘图室	·安徽江苏组 ·浙江福建组 ·台湾组	·保管组（附设标本室） ·编目组 ·文物修复室 ·实验室	·设计组 ·美术工作组	·导引组 ·群众活动组	·秘书组 ·总务组 ·照相室 ·图书室

---

1 文化部郑振铎副部长在会上的闭幕词，见中华人民共和国文化部全国博物馆工作会议秘书处编《全国博物馆工作会议与全国地志博物馆工作经验交流会议汇刊》，1956年，第15页。

2 徐彬如：《博物馆工作者代表团访苏报告》，中华人民共和国文化部全国博物馆工作会议秘书处编《全国博物馆工作会议与全国地志博物馆工作经验交流会议汇刊》，1956年，第19页。

针对以上设想中的组织架构，曾昭燏还进行了三点说明：（一）民族部在 1958 年成立，1956—1957 年称民族组，属陈列部；（二）考古部及群众工作部在 1958—1962 年间才分组；（三）管理部的文物修复室在 1957 年成立，实验室在 1963—1967 年间建立。[1] 换言之，该馆在中华人民共和国成立后仍然首先选用"三部一室"的组织架构，而后有根据自身学术发展和业务需要进行的改革。如今，南京博物院的机构设置已经包括了 18 个部门，涵盖考古、文物保护、陈列展览、社会服务等多项内容。[2]

截至 2021 年底，在国家文物局备案的博物馆数量已经达到 6183 家，其中定级的有 855 家，一级馆、二级馆、三级馆分别为 130 家、286 家、439 家，在一级博物馆中还有少数"超级明星"博物馆，如故宫博物院、中国国家博物馆、南京博物院等。这些馆行政级别高，政策资金支持充足，组织机构部门复杂，专业人员编制庞大，藏品数量种类繁多，学术科研能力强，社会名誉度高。以故宫博物院为例，其当前组织机构如表 7-2 所示[3]。

比鉴上述两座博物馆所经历的组织机构变革，非常明显的一点是，当代中国博物馆的组织机构在行政管理运营和业务实践操作两个系统的类别划分上更为专业、复杂，博物馆组织机构的管理运营所涉门类更加多样。"超级明星"博物馆通常有几项独具自身特色的业务门类，如故宫博物院的器物研究和古建筑研究，这些优势是多数国内博物馆所不具有的。所在城市区位优势、雄厚观众市场潜力、附近高等院校

---

[1] 曾昭燏：《南京博物院十二年远景规划纲要（草案）》，南京博物院编《曾昭燏文集》，文物出版社 1999 年版，第 297—307 页。表 7-1 亦改绘自此文。

[2] http://www.njmuseum.com/zh/articleDetails?id=6416&modular=［访问时间：2022 年 12 月 18 日］

[3] https://www.dpm.org.cn/about/organization.html［访问时间：2022 年 12 月 18 日］

林立、丰盈的财政资金来源等因素，使得这类博物馆在平衡其庞大繁杂科研业务和行政管理时，显得从容有余。

表7-2 故宫博物院组织机构

院办公室[①]	党委办公室	器物部[③]	故宫学研究所	工程管理处[⑤]
人事处	纪检监察办公室	宫廷历史部	研究室	行政处
财务处	工会办公室[②]	文保科技部	出版部（故宫书画教育中心）	基建处
国际交流处（港澳台办公室）	离退人员服务处	展览部	修缮技艺部[④]	北院区管理处
法律处	事业发展部	数字与信息部	考古部	消防处
文化产业管理处	文物管理处	图书馆	文创事业部	安全技术处
审计处	科研处	古建部	保卫处	故宫世界遗产监测部
预算处	书画部	宣传教育部（故宫国际博物馆协会培训中心办公室）	开放管理处	文物保护标准化研究所

① 院办公室包括秘书一科、秘书二科、宣传科、公共关系科、建福宫花园管理科；人事处机构组成包括人事科、劳资科、新接收职工；财务处包括预算财务科、财会科、政府采购办公室；外事处包括外联一科、外联二科；文化产业管理处包括资产管理科、产业发展科；审计处包括审计一科、审计二科。
② 工会办公室包括组织宣教科、职工保障科、报告厅管理科；离退人员服务处包括离

153

休科、退休科；文物管理处包括文物管理科、文物数据科、业务协调科、文物征集科；科研处包括课题项目科、业务培训科、科研成果科；书画部包括绘画一组、绘画二组、书法组、碑帖组。

③ 器物部包括陶瓷组、工艺组、金石组、雕塑组；宫廷历史部包括典章文物组、生活文物组、宗教文物组、织绣文物组、原状陈列组；文保科技部包括书画复制组、书画装裱组、木器组、金石钟表组、综合工艺组、实验室；展览部包括陈列设计组、美工制作组、展览策划组、陈列设备管理组、展览资料组；数字与信息部包括信息网络组、视频组、信息系统组、摄影组、数字传媒组、数字展示组、数字资源组、应用研究组、大数据管理组、智慧服务组；图书馆包括善本特藏一组、善本特藏二组、普通古籍组、采访编目组、书刊流通组；古建部加挂故宫世界遗产监测中心办公室，包括古建设计组、古建管理组、资料研究组、乾隆花园项目组、遗产地监测组（紫禁城学会）；宣传教育部（故宫国际博物馆协会培训中心办公室）包括参观导引组、电化教育组、展室管理组、公众教育组、观众服务组。

④ 修缮技艺部包括管理组、修缮一组、修缮二组、技艺传承组、保障组、安全组、庭园组；保卫处包括警卫队、内保科、交通管理科、安全检查科、治安管理科、地库管理科、端门管理科、票务科（安全防范监控中心）；开放管理处包括内廷管理科、管理一科、外东路管理科、管理二科、环境卫生科、外西路管理科、展室维护科、午门区域管理科、前朝管理科。

⑤ 工程管理处包括秘书科、材料科、项目管理科、工程管理一科、工程管理二科、工程管理三科；行政处包括总务科、食堂管理科、医疗卫生科、汽车队、院容环境科、房管科、水暖科、电管科、人防办公室、昌黎职工培训中心；基建处包括材料设备科、工程一科、工程二科、项目规划科；文物保护标准化研究所包括标准体系组、协调合作组、检测分析组、保护装备组。

二、理解工作和岗位职责：北京名人故居博物馆群的研究案例

项目组在 2005 年、2008 年和 2019 年（疫情之前），结合"博物馆学概论""文物学""文化人类学"等课程，对北京名人故居与纪念馆进行了比较系统的调查，调查的重心是工作人员对自身工作岗位的认识与实际表现。

在预调查阶段，我们安排了四位女性调查员。她们提交的初步调查报告中提到，参观几所故居的时候，都觉得那里的工作人员"态度"不太好，服务质量差，专业水平不够。工作人员的服务态度和水平不

仅影响到观众对展览的了解程度，也直接关系到观众对博物馆的最基本印象。博物馆工作人员从事的首先是专业性的服务行业，应该具有自觉的服务态度和意识，这也是展示博物馆面貌最重要的一扇窗户。然而事实上，大部分参观者对工作人员的态度往往不太满意。

因此，在正式调查阶段，我们将工作人员、工作岗位、服务意识、服务态度等作为研究主题，从实践理论的视角来制定研究计划和策略。

为什么观众会觉得中小博物馆工作人员的专业程度不够、服务态度不那么和善呢？观众和博物馆工作人员好像隔着一条河，很少思考过互相的心理关系，特别是观众，缺少站在博物馆工作人员立场上考虑的机会。这次调查和访谈中，我们要求自己要有同理心，尝试站在工作人员的立场来观察和思考问题，即尝试打通主位立场（etic）和客位立场（emic）。本项目的研究者虽然都有很好的人类学训练，对于如何从客位（也就是常说的局外人角度）来看问题，有很好的把握，但是对于从主位（局内人角度）来看问题，还觉得有困难。人类学研究中对文化表现的不同理解角度，也是我们本次研究的焦点，希望在方法论上有一点点突破。

我们对北京的六处名人故居、人物纪念馆的工作人员进行了调查问卷和结构性访谈，希望能够探究工作人员对工作的态度和对工作岗位的自觉意识。调查分别针对徐悲鸿纪念馆、梅兰芳纪念馆、郭沫若纪念馆、宋庆龄同志故居、茅盾故居和老舍纪念馆的工作人员进行，配合问卷做了一般性访谈。

为了遵循人类学的实地调查原则，我们对这几个机构做了适当的"拟名"，也就是像其他人类学田野调查一样使用了"化名"，分别使用北京 A 馆、北京 B 馆、北京 C 馆、北京 D 馆、北京 E 馆和北京 F 馆，且排序不分先后。[1] 设计的调查问卷如下：

---

[1] 这里的做法并不完全可取，名人故居或纪念馆采用拟名之后，对于各位名人也只好

> 1. 您在该故居/纪念馆工作了____年。
> 2. 本来您对在故居、纪念馆的工作有兴趣吗？
>   A. 有□　　B. 没有□　　C. 一般□　　D. 不知道□
> 3. 现在您对在故居、纪念馆的工作有兴趣吗？
>   A. 有□　　B. 没有□　　C. 一般□　　D. 不知道□
> 4. 您来这里工作之前，对传主的了解有多少？
>   A. 非常了解□　B. 了解不少□　C. 一般□　　D. 了解不多□
>   E. 不知道□
> 5. 您参观过北京的其他名人故居/纪念馆吗？
>   A. 参观过□　→哪里？_____
>   B. 没参观过□
> 6. 在这里，您最想推荐给观众的部分是？
> 7. 您觉得目前这里最缺乏什么？

首先要说明这样设计问卷的原因。

第1题是想了解他们的工作经验。第2、3题想知道他们对现在的工作到底有没有兴趣，因为兴趣是行动的原动力。有些人不是自愿在故居或纪念馆工作的，而是通过介绍、分配等原因不得不做出的选择，所以问卷里问及他们原来和现在的情况。

除了兴趣，在纪念馆工作还需要一定的专业知识，在名人故居工作，还需要对相应的传主有一定了解，所以我们设计了第4题。之所以只问"来这里工作之前"，是因为我们相信，工作人员工作一段时间后，对传主肯定有所了解。但经过整理问卷结果，我们发现，调查中没有类似"现在，您对传主的了解有多少？"的问题，是问卷设计

统一使用"传主"来称呼，这是一种很大的损失。

的失误。第5题问去没去过其他同类机构，这样对比是客观认识自己的有效方法之一。工作人员如果去过其他故居、纪念馆，就可以与自己的工作单位比较，通过这样的比较，或许可以更客观地看待自己的工作环境。第6题和第7题是想了解工作人员对自己工作环境和内容的关注程度，从当事者或管理者或第三者的角度请他们提出这里的优点和不足之处。

需要补充的是，针对名人故居或纪念馆的选择和问卷调查的规模、时间等，项目组做过多次讨论，最后执行起来，还是根据参观乘车路线选定，有一定的随机性。每处回收的问卷数量虽然不一样，但操作中每处每次都准备了15—20份，根据当天的实际情况，基本上询问了在场的每一位工作人员。

下面根据各馆所获得的调查结果，试进行若干分析和解读。

1. 北京A馆

某周二、周四、周日共3次调查，收集到6名工作人员回答。

① *纪念品收银台，男，30多岁*

1. 半年；2. A；3. A；4. D；5. B；6. 学艺历程、作品风格；7. 电子辅助、优秀专业人才、互动交流。

② *展厅，男，50多岁*

1. 2年；2. A；3. A；4. D；5. B；6、7没有回答。

③ *展厅，女，50多岁*

1. 原单位已退休，在馆里当临时工；2. A；3. A；4. B；5. A，参观过梅兰芳纪念馆；6. 国画；7. 对小学生的传播。

④ *展厅，女，50多岁*

1. 原单位已退休，在馆里当临时工；2. C；3. A；4. B；5. A，参观过郭守敬纪念馆；6. 油画；7. 老年知识教育。

⑤ 办公室，女，20多岁

1. 1年；2. A；3. A；4. B；5. B；6. 国画；7. 更先进的设施来保护作品。

⑥ 展厅，女，50多岁

1. 原单位已退休，在馆里当临时工；2. A；3. C；4. D；5. A，参观过鲁迅博物馆；6. 传主生平展示；7. 少儿文化教育。

北京A馆的工作人员都很热情地回答了问卷。通过调查，我们发现他们在那里工作的时间都很短，最长是2年。他们有的已经退休，比如③以前在工厂工作，④以前是售货员，她们都是临时工，一天的工资30元，只有周一休息一天。该馆有一位给参观者讲解作品的美术专家，我们以前听过他的讲解。他的讲解含有哲学批判意味，很精彩有趣，平时也很受大众欢迎。调查的时候，他正巧也在办公室，但是很可惜，他没有回答问卷。后来听其他工作人员讲，这位专家看心情好坏，自己想讲解才讲解。

我们问一名工作人员，是不是周末参观的人最多。她回答，无论什么时候参观的人都不多，在这里艺术家的杰作很多，应该让更多的人来参观学习。工作人员觉得现在的北京A馆对市民的教育作用还不够明显。我们觉得，虽然对市民的教育很重要，但对工作人员的专业教育也需要加强，因为他们自己也觉得对传主的了解不够。②想了半天也想不出来该馆的优点和缺点，他虽然在这里工作2年，但似乎什么也没有学习。北京A馆附近有个少年宫，调查人员之前参观的时候看到有很多少年儿童和父母来这里。所以对少年儿童的宣传教育应该不困难。

北京A馆门票不贵，展示方法也很充实。调查人员和几名观众交流，发现他们大部分都满意该馆的展览。工作人员对工作也有一定的热情，但是看起来他们不知道自己会做什么、该做什么，所以整天只待着看观众，吃饭的时候也会议论不同展区的观众。如果给他们培训传主的生平、主要贡献、逸事等知识，我们相信工作人员在和观众互动时，肯定会有更亲切的态度。

2. 北京 B 馆

某周日、周三共 2 次调查，收集到 2 名工作人员的回答。

① <u>售票/检票，女，50 多岁</u>

1. 20 年；2. C；3. A；4. C；5. B；6. 传主生平介绍；7. 资金、对该馆的宣传、观众的大力支持。

② <u>展厅，女，50 多岁</u>

1. 20 年；2. A；3. A；4. C；5. A，参观过许多家，如宋庆龄同志故居、茅盾故居、老舍纪念馆等；6. 传主生平展示、该馆全体；7. 宣传力度不够。

北京 B 馆面积不大，我们去的时候只有 3 名工作人员，其中 2 名女工作人员回答了问卷。他们都是从 B 馆对外开放不久后就一直在该馆工作。①以前对故居或纪念馆工作的兴趣、对传主的了解都一般，但通过 20 年的工作，现在对工作本身和传主都有感情。她对我们的问题回答得很爽快。②虽然不是专家，没有受过关于博物馆或本馆相关的教育培训，不过现在观众问什么她都能回答。工作人员有丰富的经验，这点跟 A 馆很不一样。但是，她们 20 年来天天在那里，似乎显得有些麻木、缺乏主动性。我们向②提问的时候，她爱理不理地说："你明天来吧，明天后面（可能她说的是管理该馆的办公室）有人。"我们知道，她为了让我们能得到更正式的回答才建议改天去办公室找人问一问，但其实我们最想了解她的意见，因为和观众距离最近的还是这些一线工作人员。而且第二天是周一，该馆闭馆，我们怎么能进去呢？②还告诉我们，其他人的回答可能差不多，不用调查了，这样的对待令人失望。

工作人员看我们和其他观众交流的样子，好像渐渐意识到自己的工作，最后从展厅出来陪观众一起在院子里聊天。②在展厅里看报纸的时候，大部分观众已经走马观花地离开了该馆。但当她在院子里和观众聊天的时候，不少观众明显放慢脚步，靠拢过来听她讲话。虽然该馆的工作人员已经有丰富的经验，对传主也心怀敬佩，但是她们实在麻木了。希望她们领悟到，大部分观众也是怀着对传主的敬佩第一次参观这里的。

3. 北京 C 馆

2 次调查，没有馆方的人愿意配合回答。

我们先向门口的售票人员、检票人员、售卖纪念品的营业员等 4 名工作人员很客气地说明情况，并询问能否配合填写问卷做一些调查，他们都拒绝了。展厅内的 1 名讲解员和 2 名其他工作人员也拒绝配合。意外的是，现场的所有工作人员都拒绝回答调查问卷，也拒绝访谈，但是言语都很客气，好像受过专业训练。他们拒绝的原因是：第一，他们属于国家部门员工，不会随便回答这种问卷；第二，现在是工作时间，不能回答问卷；第三，没有上级领导的许可，他们自己不能决定是否可以回答；第四，不能对外随便回答问题；第五，不愿意回答。

在被全部工作人员拒绝 2 次之后，我们也曾试图仔细向他们说明这只是研究问卷，并不具体针对哪一个博物馆机构，也希望听一听他们对博物馆工作和岗位的意见、建议，没有什么营利目的，并解释说其他馆工作人员已经回答过，但是他们仍然客气地拒绝了。

后来去北京 D 馆调查，同样是全国重点文物保护单位，D 馆工作人员则热情地接受调查和访谈。北京 C 馆的工作人员好像怕麻烦，所以以各种各样的理由来回避回答问卷。调研组有中国学生和学者，也有日本学者和留学生，工作人员的态度令大家颇为不解。

因为没有收获，所以我们对观众进行了采访。一名从浙江来北京旅游的中年男人，他喜欢传主，看了传主生活过的地方以后，觉得名人和自己的距离近了一点。我们问他北京C馆哪部分需要改善，他认为门票太贵了。他还描述，在买票的时候他问工作人员门票是不是太贵了，工作人员当即反问："那你说多少钱？"他觉得很不愉快。门票贵不贵是一个问题，但从回答观众问题的作风来看，工作人员明显缺乏对自己在本馆工作的自觉意识。

我们还问了一名从美国来的50多岁的男性观光客。当被问到觉得北京C馆的哪个部分最好时，他回答："没有什么可说的。"原因是这里没有英语讲解、导游、说明书之类，什么也不会了解。他只是拿了一张北京旅游地图在附近闲逛，看到纪念馆的标识就进来了。

北京C馆坐落在后海、什刹海一带，地理位置优越，国内外旅客每天蜂拥而至。本来这个馆的建筑保留很好，展示方法也不错，只可惜工作人员对参观者的关怀没有达到"国家部门"的水平。

4. 北京D馆

8月某周三、11月某周六2次调查，收集到3名工作人员的回答。

① <u>纪念品销售处，女，40多岁</u>

1. 24年；2. A；3. A；4. C；5 没有回答；6. 原状陈列；7. 现代科技设施。

② <u>管理中心某部副主任，女，40多岁</u>

1. 23年；2. A；3. A；4. D；5. A，参观过许多名人故居；6. 传主生平介绍；7. 社会资金投入。

③ <u>一般工作人员，女，40多岁</u>

1. 10年；2. A；3. A；4. C；5. A，参观过北京大部分名人故

161

居；6.原状陈列；7没有回答。

与其他五个馆比起来，北京D馆观众明显很多。因为大家都比较喜欢传主，也喜欢该故居的气氛，所以很多人都是多次参观，其中有位学者是第4次参观。以前参观该馆的时候，会看到讲解员带领观众，按顺序讲解。11月调查当天，讲解员不在，很多年轻的志愿者在陪观众浏览展厅。志愿者大概有10多名，是大学志愿者社团的，那天是志愿活动的第一天，她们说打算以后在该故居帮助讲解半年至一年。②告诉我们，本馆经常接受志愿者或与学生志愿者社团合作。比如"五一""十一"观光旺季，观众特别多，工作人员根本不够，附近中学的学生就会来帮忙做简单的讲解工作。这样的工作体验和经验，对学生来说肯定有很大的收获，他们的帮助应该也减轻了工作人员的一些负担，而且他们态度认真，十分热情，大量年轻志愿者的加入给博物馆带来朝气。

但我们认为，志愿者就是志愿者，不应该让他们负责全面接待观众。我们到展厅时除了志愿者，没见到正式工作人员。观众一进展厅，一两名紧张的志愿者就跟着，然后突然开始讲刚刚背下来的关于传主的一段故事，真有点不适应。通过与几个志愿者交流，我们了解到他们对传主的了解没有那么深，他们的专业与传主或博物馆工作也没有关系，观众提出的有些问题，他们也无法圆满地回答。这样的水平如果进行独立讲解，效果显然不好。

他们如何看待自己呢？他们不承认自己是该馆的工作人员。当听到他们定义自己"不是该馆工作人员"时，观众的感受是不愉快的。志愿者如果不认同自己正在服务的岗位，这个工作也难以做好。观众到馆参观，或为免费，或需要购票，遇到的第一个工作人员或是讲解人员，或是售票员，如果他说自己不是这个单位的，观众的印象会是什么？

我们建议，如果积极接受学生志愿活动的话，起码要让他们觉悟到今天在这里讲解就是上班，是博物馆的一员。此外，系统的专业培训也非常必要，特别是中小博物馆，它们越来越多地利用志愿者和志愿服务，一定要花时间做有针对性的专业培训。否则，受损失的不仅是观众，还有博物馆自身。

总体来说，北京D馆的工作人员服务态度不错。在门口卖票、检票的师傅一直很忙，没有时间回答我们的问题，于是给我们介绍了管理中心的副主任②。②很大方爽快地接待了我们的突然访问。北京D馆工作人员接待客人很有经验，也当然支持管理部门多采用志愿者。志愿活动对观众（尤其是一个人来参观的人）、博物馆的活性化、年轻人对文物的兴趣提高等有很多好处。不过我们还是对该馆有"缺乏专家""外行人较多"的印象。这个问题还有进一步研究的必要。

5. 北京E馆

8月某周四1次调查，收到了1名工作人员的回答。

① <u>售票、检票、售卖纪念品，男，50多岁</u>
1.10年；2.A；3.A；4.C；5.A，参观过北京大部分名人故居；6.传主的晚年；7.维修、导游。

北京E馆只有周二、周四、周六开放，到了这里的时候，工作人员只有2名。其中一名是原来在文学馆工作的先生，不知道还有其他工作人员，看起来他负责故居一切的工作。E馆面积小，建筑破损比较严重。我们曾经3次参观该馆，每次印象都一样，展品上积有灰尘，说明展品的纸被晒得褪色。在这里，时间好像一直处在停止状态。某次，在我们参观的时候，一个30多人的法国旅游团跟着导游进来，院子马上被挤满了。有几个人在听导游（60多岁的老人，吐字不太清晰）

讲解，但看起来大部分的人闲得慌。观众这样的态度也可以理解，既看不懂又缺乏魅力的展示方法怎么能令人满意呢？

我们问工作人员有没有人在这里买纪念品，他回答纪念品都卖不出去，偶尔能卖出几本传主的书。不过，我们3次参观，售卖的纪念品没有变化，积尘的纪念品也快变成展品的一部分了。传主的书也可以去书店买到更干净的，没有特意在这里购买的理由。

北京E馆坐落在一条幽静的胡同里，馆舍建筑本身充满魅力。他们目前需要改善的是不亲切的展示方法和放任观众的工作态度。

6. 北京F馆

9月某周五、11月2次调查，收到了1名工作人员的回答。

① 办公室工作人员、导游，女，20多岁

1. 3年；2. A；3. A；4. D；5. A，参观过鲁迅博物馆、宋庆龄同志故居等；6. 触摸屏；7. 面积、宣传、资金。

第一次到北京F馆时，那里正在进行大规模的维修，一片狼藉中除了维修的工人，还有个卖票、检票的师傅。维修的声音打扰参观，展厅状态也一般，不值得买票参观，我们不能理解为什么不暂时闭馆。我们首先问卖票的师傅是否可以回答问题，他说自己回答不了，给我们介绍了后院的正式工作人员。后院可能是管理部门的办公室，一名青年女工作人员很热情地回答了我们的问题。她是旅游专业毕业生。

她向观众最推荐的地方是触摸屏。设置这样的工具是很好的展示方法，我们发现它设计很讲究，使用它可以得到很多传主的知识。但是参观不能完全依赖触摸屏。当时只有我们在参观，所以可以尽兴地使用，如果观众较多，利用机会就会减少。而且触摸屏里的内容有时候较少，只能显示输入好的信息，缺乏回答观众问题的能力。最好还是工作人员从办公室里走出来,在展厅与观众多多交流。

她认为,现在北京F馆缺乏的是面积、宣传和资金。北京F馆坐落在距离王府井很近的地方,在地理位置上,参观应该比较方便。况且传主是国内外知名的大作家,还需要大张旗鼓地宣传吗?当然,与北京C馆、北京D馆比起来,F馆面积较小,但这样更能体验名人的私人空间。如果观众体会到传主在这样的空间里刻苦写稿的日子,以及平静或不平静的生活,那也可以说是非常成功了。

很遗憾的是,这次北京F馆的参观不能体会到传主的魅力。工作人员在意识到宣传、资金这些外部因素之前,有没有认真思考可以改善的其他地方,特别是展示方法、与观众的交流等内部因素呢?

"量才录用",这是目前中国名人故居、人物纪念馆的管理人员最缺乏的概念。问卷第7题"您觉得目前这里最缺乏什么?",很多人回答"宣传"。虽然参观故居、人物纪念馆的市民还不多,应该让更多人了解和参观,但是对于现在的工作人员来说,更重要的是让已有的观众满怀兴致地参观、心满意足地离去。这比对故居没有兴趣的人进行大面积宣传更有意义。

有的故居工作人员接待参观者时缺乏工作热情和自信,好像害怕观众靠近他们提问题,可能是因为他们没受过专业培训,工作经验很少。这并不全是工作人员的责任,管理人员也要负一定责任。在回答调查问卷和接受访谈时,不少工作人员都想知道前面的同事是如何填写的,对待问卷完全模仿其他同事的回答,有从众心理。这也说明不少工作人员对自己的工作没有信心,缺乏负责的工作态度和专业精神。

我们接触的名人故居或纪念馆工作人员为数不少,工作性质大致可分为两种,一种是接待工作,如票务、讲解、纪念品销售等,另一种是管理工作,如馆舍管理、职工管理等。但对于普通观众来说,接触接待人员的机会较多,接触管理人员的机会其实很少。管理者大部分是专家，或有一定的专业知识，但他们并不会传授给观众。所以，接待人员缺乏专业精神和认真负责的工作态度，从管理角度看，其实主要是管理人员造成的，反映的是管理人员的工作觉悟。当然，这只是间接的推论，应该进行更细致的调查。可惜的是，周末我们去调查时很少碰到专业管理人员。个别值班或者加班的工作人员（包括自己在办公室做一些研究工作的人），在周六日的参观时间，也待在办公室里。当然，如果展厅的工作人员能够得到专业培训，有专业知识的管理人员是否走出办公室与观众交流也无所谓，然而事实往往并不是如此。这或许说明管理人员对观众没有给予足够的重视。观众参观只能依靠展厅的说明和讲解员的讲解。有独立思考的讲解员并不多，有些人甚至只会背诵呆板的信息。

三、由组织到人和由人来认识组织

免费开放政策实施以来，博物馆观众大幅增加。疫情暴发前的2019年，全国博物馆观众总数已经超过11亿人次，这给博物馆带来空前的压力。总体上人员编制的不足，也使得对于博物馆这类知识密集型和人才密集型机构的工作人员要求越来越高。

2015年《博物馆条例》颁布，涉及工作人员及其工作场所的条款比较笼统。《博物馆管理办法》规定，申请设立博物馆，应当具有与办馆宗旨相符合的专业技术和管理人员，馆藏一级文物和其他易损易坏的珍贵文物，应设立专库或专柜并由专人负责保管，并鼓励博物馆研发相关文化产品，传播科学文化知识，开展专业培训、科技成果转让等形式的有偿服务活动。这里说到的"专业技术"具体指什么，"管理人员"具体指哪些人，"专人负责保管"的"专人"需要什么资格等，较少有具体详尽的说明。

日本《博物馆法》（1951年法律第24号）及同法《施行规律》

（1955年文部省令第24号），具体地载明了"学艺员制度"。[1] 日本的学艺员具有国家统一规定的资质和一定的专业知识，即使这样，对学艺员有意见的观众也不在少数。日本一名博物馆爱好者说："我（观众）向工作人员提问题的时候，他们如果知道我对展示内容有一定兴趣和基本知识，就马上非常高兴地回答我的问题。观众的好奇心与工作人员的职业觉悟之间发生的一种较量可以给我带来心灵的愉悦。但是有些博物馆的工作人员好像照看铺子的阿姨一样，甚至回答不了观众的问题，碰到这样的博物馆真令人失望。学艺员为什么不能更积极地来展厅？不少博物馆的学艺员都一直在办公室不出来，这样的状态如果在企业门店的话简直是不能想象的事。学艺员应该与热心观众主动交流。"

日本的学艺员资格在法律上有明文规定，不过学艺员如何与观众交流等问题还是靠每个人的职业觉悟。所以不管《博物馆条例》有没有提及博物馆工作人员的具体资格要求、任职条件，各个博物馆的管理部门都应当考虑如何提高每个工作人员的职业觉悟，这是极为重要的。

随着时代的变化，博物馆的存在意义也在变化。今天，如果博物馆僵化地把持着只重视收集和保存资料、以文物为主的态度，肯定会令大众离开博物馆。如今，世界的主要博物馆都走向了重视观众的方向。[2]

博物馆如何适应时代潮流是目前世界范围内博物馆的共同课题。法国博物馆局的乐哈勒（Evelyne Lehalle）认为，考虑博物馆如何回归市民，首先应该了解公众。他介绍了几个理解公众的有效方法，其中特别有效的是认真观察博物馆观众及其行为。这个理念在美国更加

---

[1] 全国大学博物馆学講座協議会西日本部会編：《概説博物館学》，芙蓉書房2002年版。
[2] Kathleen McLean 著，井島真知、芦谷美奈子訳：《博物館をみせる—人々のためのプランニング》，玉川大学出版部2003年版。

普遍，相关的博物馆著作已经出版了1000种以上，而在欧洲只有20多种。理解公众需要实实在在的功夫。乐哈勒一面对法国博物馆工作人员表示同情，如他们一直站着工作、喝水的机会少、不容易请假、在工作中很少感到快乐等，另一方面又激励他们："不要害怕进行市场调查和资料数字化、不要歧视公众、应该公平对待所有观众，否则无论多么优秀的专家也管理不好博物馆。"[1]

1970年代，美国博物馆学者芭芭拉·纽森（Barbara Y. Newson）和阿黛尔·斯尔佛（Adele Silver）对博物馆工作人员进行了调查。他们发现："很令人吃惊的是，博物馆工作人员总是说博物馆的利用者'没有教养''不懂规矩'等，好像博物馆工作人员和利用者（他们一般属于有教养的中产阶级）中间隔着一条鸿沟。"[2] 观众容易感到博物馆工作人员与自己之间存在鸿沟，工作人员对此如何反应呢？我们问过上文提到的六个名人故居或纪念馆的工作人员："您对观众有什么意见？"他们的回答基本一致："没什么意见！"他们对自己面前的观众没什么意见，也没有什么兴趣，这是不是目前北京名人故居及纪念馆工作人员最大的问题呢？

20年前，大多数博物馆的使命陈述都是标准的如下格式：（一）收集、管理和保存代表性的实物、艺术品或标本；（二）在适当的环境下进行展示；（三）促进关于藏品的研究和知识学习；（四）促进教育、传播和交流等。这些使命陈述具有明显的"博物馆中心主义"倾向。最近20年以来，博物馆的使命陈述发生了很大的变化，呈现为一种全新的"社会叙述模式"，其基本格式如下：（一）给予博物馆使用者满足与感动是最优先的课题，为了把艺术家的思维传给人们

---

[1] Martine Blanc Montmayeur 等著，松本栄樹、小浜清子訳：《フランスの博物館と図書館》，玉川大学出版部2003年版。

[2] Kathleen McLean 著，井島真知、芦谷美奈子訳：《博物館をみせる―人々のためのプランニング》，玉川大学出版部2003年版。

和促进大家对艺术家思维的理解，应好好利用藏品；（二）博物馆的目的是创造一个地方，让人们通过接触艺术感觉到过去、现在和未来的连接的跃动，同时被人们感谢；（三）"面向未来的博物馆"，创造一个世界各地的利用者都可以学习的、充满创新、让人感到亲切的场所。总之，利用者成为博物馆考虑最多的因素。

在欧美的诸多博物馆中，虽然其工作人员的薪酬仍然难以与企业相比，但是仍然有大量的高学历专家非常愿意在博物馆工作，因为这是普遍受人尊敬的职业。博物馆工作人员通过社会及文化贡献，得到金钱以外的精神满足和自我价值实现，所以每个博物馆的专业岗位招聘现场都异常火爆。每一个博物馆工作人员（包括临时工和志愿者）都应该充满信心地工作，同时清楚"自己为谁服务"。那些来到博物馆、饱含热情地读着展览介绍的人，首先是观众。他们不辞辛苦到达这里，他们是知识的渴求者、热爱学习的人，这里有他们需要的信息。与他们交流，工作人员同样会收获更多。

第三部分

新博物馆学实践策略

第 8 章　生态博物馆与社区博物馆

一、全球化视野下的生态博物馆运动

生态博物馆运动是新博物馆学理论指导下的一场博物馆运动。1980 年代，受后现代理论影响，新博物馆学概念被正式提出，生态博物馆也获得迅速发展。（关于新博物馆学与后现代理论的关系，见表 8-1，此处不再详细展开论述。）生态博物馆，也称社区博物馆，英文为 ecomuseum，是法文 musée éclaté 的转译，原意是把某个具有生态学意义的地方（社区/社群）当作博物馆来经营和管理。国际博协的定义是：生态博物馆是一个文化机构，这个机构以一种永久的方式，在一块特定的土地上，伴随着人们的参与，保证研究、保护与陈列的功能，强调自然与文化遗产的整体，以展现其代表的某个区域及继承下来的生活方式。这里，生态博物馆是文化保护的工具，是地方民众参与社区发展与规划未来的平台，是获取经济收益的资源和媒介。

表 8-1　新博物馆学与后现代理论的关系

现代理论	后现代理论	新博物馆学
男性占支配地位	更重视女性的地位	女性在陈列中得到更充分的表现，妇女在博物馆中得到更多（更好）的工作
单一专业	多学科	多学科的陈列，博物馆藏品管理员掌握多项技能
数量	质量	业务评估更多地采用博物馆学标准

(续表)

现代理论	后现代理论	新博物馆学
形态（什么？）	功能（为什么？）	陈列主题促进平等，博物馆研究出现不同取向
权力等级	互动的工作网络	工作网络（内部与外部）和机构目标
个人	社会	社会参与，博物馆内建立社会工作团队
封闭系统	开放系统	工作网络（内部与外部）
实利性的自我利益	启蒙性的自我利益	终身学习的理念；完善的培训；利他主义
开发	保护	保护的伦理；再生利用与能源保护
个人权利	个人和集体责任	宗旨声明；博物馆工作人员道德规范和组织道德规范
对抗	合作	与文化领域中的其他组织合作
排外的	包容的	博物馆利用方针的变化；馆外社会教育活动；社会作用增强
修复	防治	改变了的保存措施
短期	长期	制定长期而明确的工作目标
独立的	依存的	博物馆之间的协作
物质增长	可持续发展	在有限资源的条件下遵循保护伦理开展工作
竞争	共存	组织间的合作与协作
产品数量	投入与产出的质量	完善的藏品管理标准，包括收藏和陈列工作方针
传统的	未来的	新的发展趋势；社会和环境目标；新的科技
中央集权的	分权的	在地博物馆
占支配地位的文化	文化差异	欣赏并包容其他文化
无限的物质增长	有限增长	保护的伦理
表现	真实	陈列的忠实与"真实"

现代博物馆学关于生态博物馆的定义多种多样，这些定义最引人注目的共同点，或许是生态博物馆不再仅仅围绕藏品，而是围绕社区（community，或称社群）开展工作。法国生态博物馆之父雨果·戴瓦兰（Hugues de Varine）在总结 1970—1980 年代的生态博物馆实践时，提出了四个关键目标：成为所在社区的信息中心和数据库；充当变革观察站，帮助社区应对变革；成为聚会、讨论和创新的焦点，成为社区的实验室；向游客展示。他认为，与传统博物馆（他在这里使用了 classic museum 一词，直译为古典博物馆）相比，生态博物馆是一个确定身份认同、地理区域和共同遗产的社区，对"全部遗产"的强调，正是基于这样的博物馆理念。[1] 另一位英国的生态博物馆学家彼得·戴维斯将生态博物馆表述为三个相互联系的圆圈：社区/社群，博物馆，社会、文化以及自然环境，三者共同构成一个生态博物馆。[2] 生态博物馆运动强调把"物件""藏品"作为社会生活的一部分，而不是仅仅用它们来有限且被动地展示与社会的关系。

戴维斯还建立了生态博物馆概念阐释模型。生态博物馆概念由博物馆、遗产、社区/社群参与这三个集合交叉而成。"博物馆"的内容包括作为博物馆的各种活动，如藏品、保护、研究、展览与教育（终身教育以及环境教育）；"遗产"的基本内容是基于本地环境的地方遗产保护，是生态公园、自然公园、历史遗迹保护区以及自然发展的物证；"社区/社群参与"包括居民的参与、社区/社群发展和以社区为基础的区域管理。博物馆与遗产的交集是分支博物馆（fragmented museum）、保护区、田野博物馆；博物馆与社区/社群参与的交集是区域博物馆、社区/社群博物馆、邻里博物馆；而遗产与社区/社

---

[1] Hugues de Varine, "Ecomuseum Or Community Museum? 25 Years of Applied Research in Museology And Development". *Nordisk Museologi*, No. 2, 1996, pp. 21–26.

[2] Peter Davis, *Ecomuseums: A Sense of Place*, Newcastle: Newcastle University Press, 1999.

群参与的交集是历史城镇、乡村景观的保护以及民俗活动等。

根据这些定义以及迄今为止的实践，与传统博物馆相比，生态博物馆具有两大值得注意的基本特征：一是将某一社区／社群或某一区域整体作为博物馆，包括其人文环境和自然环境。二是当地（传统村落或者工业遗产地）居民将其有形和无形文化遗产以及自然环境作为资源，吸引参观者，在保护多元文化遗产和自然环境的同时，通过旅游服务提高当地居民的生活水平和社区／社群的知名度。也就是说，当地居民被包括在生态博物馆之内。[1]

生态博物馆与传统博物馆有明显的区别。传统博物馆的核心是藏品、博物馆建筑、博物馆技术和专家，观众要进入由上述内容构建的"博物馆世界"，才能完成博物馆过程；而生态博物馆的核心是整个社区／社群，边界等同于社区边界，它既是整个社区／社群的生活整体，也是社区／社群的历史以及未来，观众必须融入整个社区／社群，才能完成博物馆过程。可见，生态博物馆虽仍然宣称是博物馆，但它从根本上构成了对博物馆的挑战。这个挑战，在我看来有四个方面，这里只是简要讨论：

一是边界的模糊化。其中，有对"博物馆围墙"的省略，更主要的是传统博物馆通过各种条条框框凸显自己权威性的那个边界消除了。

二是省略了博物馆存在的最根本依赖，即博物馆技术学或博物馆志。博物馆作为一个专业化和专门化的机构，其专业技术学是保证所有知识和系统贯彻实行的关键。全世界博物馆的建设和发展无不仰赖这些不断变化发展的博物馆技术学，恰恰没有想过与本地居民合作。在欧美的传统中，curator制度以及相关专业知识的出现是一个关键性的步骤；在日本，则表现为学艺员以及学艺员制度。

---

1 Kazuochi Hoara, "The image of Ecomuseum in Japan", *Pacific Friends*, 25/12, 1998.

三是原地性保护以及整体性保护，将保护、传承与发展的理念结合。生态博物馆宣称自己是整体保护，是保护、传承与发展的最佳结合。当然这也颇值得怀疑。

四是强调永久性，强调社区居民为基础。我认为，这是生态博物馆最重要的理念，也是最难以真正实行的。因为第四点和第三点显然非常难以达成一致。假如强调永久性（因为博物馆的基本特征之一就是永久性保护），那么生态博物馆的"发展社区／社群生活"就成了空头口号。

生态博物馆与传统博物馆有如此大的差异，甚至有人认为生态博物馆构成了对传统博物馆的"反动"，那么为什么还是将生态博物馆看作一种博物馆形态呢？这是由于生态博物馆存在的宗旨、目的／目标、工作原则／伦理，以及生态博物馆的基本结构、框架等与传统博物馆有本质的一致。从世界范围看，生态博物馆是后工业时代出现的、与工业以及前工业时期文化遗产的整体性保护与发展相协调的一套概念和体系，在西方国家最先出现，然后在全球发展。作为应对全球一体化带来的文化认同危机、文化自觉意识丧失以及文化雷同化的一种策略和方式，它在全球范围内有相当大的号召力。日本、韩国将生态博物馆与本土文化认同、"造乡运动"等结合起来，某种程度上是一种"文化回放"。当然，以社区为基础的生态博物馆，就村民的生活而言，实际是村民之间的一项协议，承诺保护与传承本地的文化，自觉应对"外来文化"的强力冲击，走出另外的发展道路。[1]

生态博物馆在中国的发展历史还不算长，但遇到的问题比较复杂。生态博物馆建设主要依赖当地居民的自觉意识。目前建设的生态博物馆多在经济欠发达地区，改善生活条件、增加经济收入是当地的头等

---

[1] M. Maggi, *Ecomusei. Guida europea*, Torino-Londra-Venezia, Umberto Allemandi & C., 2002.

大事，所以文化遗产的保护意识与民主参与意识还不够。加之目前农村青壮年大多到较为发达的城市工作，向往都市文化，对自己的传统文化并不重视，这些对于生态博物馆的发展有非常不利的影响。目前，生态博物馆已经带来丰富的旅游客源，旅游业又带来各种优异的资源。但不可否认的是，好奇心、猎奇心理与纯粹商业性的包装和宣传对生态博物馆是很大的伤害。传统文化保护与生态环境和谐的平衡，还没有达到最佳状态，文化遗产的流失仍然非常严重。游客的行为需要进一步规范和教育。生态博物馆普遍没有自己的旅游品牌产品，结果是游客数量很多，当地居民却不能有效增加收入。旅游产品比较单一，需要深度开发。

二、镜像理论："博物馆作为镜子"

博物馆作为文本形式，有其诗学与政治学的逻辑。"博物馆作为镜子"是关于写文化研究的一个重要视角。1997年出版的《写文化之后：当代人类学中的认识论与实践》（*After Writing Culture: Epistemology and Praxis in Contemporary Anthropology*）收录了麦夏兰的论文《博物馆作为镜子：民族志的若干反思》（"The Museum As Mirror: Ethnographic Reflections"）。当然，将博物馆作为反思对象，对近代以来的人类学、人类学博物馆等进行反思，早已是现代人类学的一个组成部分，甚至出现了专门的"博物馆人类学"。此外，新博物馆学还对"博物馆作为大众媒介""博物馆话语权"等进行了全方位的再思考与系统的梳理。

后现代以及后殖民主义的人类学首先对人类学博物馆（以及艺术馆）的藏品来源进行了彻底的批判，将人类学家的博物馆行为放到道德伦理的层面进行审视。后来，围绕人类学藏品而兴起的社会运动，诸如印第安人的藏品归还运动，以及关于原居民艺术的论争，不仅促成了艺术人类学作为人类学分支学科的发展，也直接演变成北美地区的少数民族艺术运动，其结果就是1990年代在华盛顿特区建成了一座印第安人艺术馆。

生态博物馆的发起与广泛传播，一度被当作是博物馆发展的新希望。一方面当今社会的文化与艺术的精英路线受到诸种"后学"的挑战，另一方面文化工程上的巨额投入在法律程序上变得越来越困难，与科技工程相比，文化大工程的"扯皮现象"成了一个普遍的事实。

生态博物馆的缔造者在其宣言中一再强调，生态博物馆是工业社会人们环境意识和文化遗产保护意识觉醒的产物。现代工业文明在给人类带来方便的同时，也使现代社会中的生态危机日益加深，人们对工业文明产生厌倦，出现了回归自然、追求古朴的社会心态；另一方面，在经济全球化浪潮中，文化上的竞争日趋激烈，传统文化面临着生存危机，一个民族的文化如何生存与发展，如何保持其独立性、丰富性和完整性，民族文化如何参与社区的建设，成为摆在人类面前的重大挑战。

生态博物馆实验者均以以下基本观点指导自己的实践：文化遗产应原状地、动态地保护和保存在其所属社区和环境中。在生态博物馆理论看来，自然的生态与人文的生态、物质形态的文化与非物质形态的文化相依相融，在人们的日常活动中自然传承和演绎。传统博物馆是将文化遗产搬到特定建筑中，这些文化遗产远离了它们的所有者，远离了它们所处的环境，冻结在特定的时空里，而生态博物馆则是将一个社区拥有的自然遗产和文化遗产整体保护及保存在该社区内，将其保留在原生地和原生环境中。社区的自然风貌、建筑物、生产生活用品、风俗习惯等物质（有形文化遗产）和非物质（无形文化遗产）的所有文化因素都具有特殊的价值和意义，均在保护之列——生态博物馆保护的就是这样一个鲜活的文化整体。在全方位保护与重视每一个传统文化因素的过程中，生态博物馆显示了它的独特作用。它可以增强社区居民的文化意识,从而使某些具有重大价值的文化得到抢救和保护,并使之成为该社区人民追溯历史、掌握和创造未来服务的精神源泉和物质力量。因此,生态博物馆明显具备除作为一个文化机构之外的社会功能,是联系过去、现在和未来的一条纽带。从结构上看,生态博物馆具有分散性的特点,通常包括信息资料中心与生态博物馆保护范围(原状保护点)两个方面。信息资料中心是一个集当地民族文化展览、工作人员办公区、研究人员住处、商店、盥洗服务空间为一体的综合性建筑,是本社区"公众记忆"的信息库、外来参观者的活动中心、本社区工作人员的工作场所、本社区社交活动和社区服务场所。原状保护点通常保留其原有的实用功能,甚至还要恢复已经消失了的传统文化,并对观众开放,以展示本社区文化的不同侧面。生态博物馆的实践,对于保护和延续那些处于多数或统治地位文化包围之中的少数民族及其文化精华,促进世界文化的多元性,有着特殊的意义。同时,生态博物馆并不排斥传统博物馆的存在,也不可能取代传统博物馆的地位,相反地,它可以与传统博物馆相辅相成,对传统博物馆而言是更为丰富的补充,在与传统博物馆的文化共享中更大范围地实现自己的任务,两者共同承担起文化保护与传承的历史重任。

而实际上,这些看法、做法与现代学术理论之间是矛盾的。一是保护的概念和基本理论来自都市的经验和学说,不是来自那些村落、村民。这显然违背了中国生态博物馆的"六枝原则"。二是生态博物馆仍然是一种"被别人看的工具",不论打上多么高尚的文化印记,这个工具都无法超越博物馆的基本属性:在一个特别的空间里,以文化的名义再现/展演,以学习、体会等的名义观看/猎奇。在所有关于博物馆起源的哲学论述里,"激发好奇心""想象力"等都是应有之义。日本、韩国式的"乡村回放"(回访)多少有些"忧郁的乡愁"在里面,而美国式的生态博物馆有强烈的"戏说"味道,主持者和观众都没有当真。美国人在参观威廉斯堡和普利茅斯时,不是为了获得历史感，而是因为这是家庭旅游计划的一部分。最难理解的是法国式的生态博物馆，笔者一度认为这完全符合法国文化英雄主义的逻辑。但法国生态博物馆的催生者们，如里维埃、戴瓦兰等，从一开始就没有设定生态博物馆可以"永久"存在下去。法国从1971年开始建设生态博物馆，到现在有90多家，但最近五年，十几家生态博物馆已经永远消失。

从中国生态博物馆这面镜子里，可以看到一个怎样的"自我"？贵州有幸成为中国生态博物馆的摇篮，在全面维护文化荣誉的同时，不少地方政府却不能理解为什么要搞这种"没有文化的文化工程"。村民，这个文化名义上的主人，生活的贫穷却是实实在在的。最痛苦的是专家，他们最先发现了规则，制定了规则，最后却被"规则"排斥在了"规则"之外。

三、中国第一批生态博物馆建设（1995—2014）

概括而言，生态博物馆有四大基本特征：一是普通人的生活方式是构成遗产和历史记忆、文化认同的重要内容，值得珍视；二是对自然环境、人文环境、物质遗产和非物质遗产的整体保护；三是强调原地保护和居民自己保护；四是强调动态中的保护和发展中的保护，即社会居民参与的文化保护。目前，全世界已建成生态博物馆300多座，法国、意大利、挪威、中国、日本、韩国、巴西等均以这样的基本观点指导实践，即文化遗产应原状地、动态地保护和保存在其所属社区和环境中，建立信息资料中心作为专业性的辅助机构。[1]

1980年代，经过《中国博物馆》杂志的系统译介，生态博物馆等新概念被引入我国，在思想启蒙和知识普及之后，终于迎来贵州等

---

[1] 安来顺：《国际生态博物馆四十年：发展与问题》，《中国博物馆》2011年第Z1期。

地生态博物馆的建设实践。关于生态博物馆如何进入中国，又如何在贵州得以实践，苏东海、胡朝相、安来顺等人的文章已进行了很系统的介绍，[1]这里不展开讨论，仅将重要事件做一简单回顾。

（一）中挪合作共建贵州生态博物馆群

1995年，我国与挪威政府合作在贵州启动生态博物馆建设项目。1997年10月23日，中国和挪威两国签署了《挪威合作开发署与中国博物馆学会关于中国贵州省梭戛生态博物馆的协议》。中挪两国共同努力，1998年在贵州省六盘水市六枝特区梭戛长角苗地区建成中国第一座生态博物馆——梭戛生态博物馆。该馆建成开放后引起世人的广泛关注，也在国际博物馆界产生很大影响。第一座生态博物馆之后，中挪合作相继建成贵阳市花溪镇山生态博物馆（布依族）、黔东南侗族苗族自治州黎平县堂安侗族生态博物馆（侗族）、黔东南侗族苗族自治州锦屏县隆里古城生态博物馆（汉族）等三座生态博物馆（以上四座生态博物馆的基本情况见本章末尾的表8-2）。这四座生态博物馆的建设均是在中国博物馆协会的具体领导下进行的，苏东海、安来顺、约翰·杰斯特龙（John Gjestrum）以及胡朝相分别是项目负责人、总协调人和实施负责人执行者。

2005年，中挪合作项目结束，贵州生态博物馆群初见规模。为了总结建设得失，专门举办了国际学术研讨会，会上通过了由中挪专家及贵州四座生态博物馆的村民代表、地方政府管理层等提出的"六枝原则"。此原则框架在2000年的六枝特区生态博物馆研习班上已经初步确定，但此次正式通过仍具有非凡的意义。"六枝原则"是中国和挪威合作建设贵州生态博物馆群项目的核心原则，被认为是中国

---

[1] 苏东海：《建立与巩固：中国生态博物馆发展的思考》，《中国博物馆》2005年第3期；胡朝相：《贵州生态博物馆的实践与探索——为贵州生态博物馆创建十周年而作》，《中国博物馆》2005年第3期。

生态博物馆建设的一个积极成果和经验，并适用于所有生态博物馆。苏东海评价，"六枝原则"将国际生态博物馆的一般原则与中国的国情和贵州省的省情相结合，坚持政府主导、专家支持、社区居民参与的指导思想，在此原则指导下，达到让村民自己管理和认同自己的文化并决定自己文化价值取向的成熟阶段，成为被国际认可的贵州模式的生态博物馆。[1]

2005年以后，在政府和专家指导下，企业投资和村民参与合作兴建了黎平县地扪侗族人文生态博物馆，博物馆社区覆盖12个侗族村寨，探索了一条独特的"民营"生态博物馆之路。[2] 此外，在中国民族博物馆的规划和指导下，贵州雷山县的西江千户苗寨馆于2005年建立，成为中国民族博物馆分馆之一，这是生态博物馆建设的又一种崭新模式。雷山县为了全力支持这个博物馆的建设和发展，放弃了在县城建设县博物馆的任务，所以该馆也承担着县级博物馆的使命。

在贵州，依托民族村寨建设露天博物馆的尝试，早在1980年代中期就开始了。1987年建成开放的雷山县郎德上寨民族村寨博物馆（苗族），是典型的生态博物馆（虽然没有使用生态博物馆的名称），郎德上寨古建筑群也是第一批以民族村寨为单位进行保护的全国重点文物保护单位之一。[3] 在中国民族博物馆、中央民族大学的学术支持和指导下，小黄村侗族大歌博物馆、雷山县上马路苗寨博物馆、三都县怎雷水族文化生态博物馆等先后建成开放，进一步丰富了贵州生态博物馆的文化类型和地域范围。其中小黄村博物馆、上马路村博物馆被列入联合国"千年发展计划"支持的文化项目。从1995年兴建第

---

[1] 苏东海：《中国生态博物馆的道路》，《中国博物馆》2005年第3期。

[2] 尤小菊：《民族文化村寨中的非物质文化遗产保护研究——以地扪生态博物馆为个案》，《贵州大学学报（社会科学版）》2010年第3期。

[3] 吴正光：《典型传统村落也是一种博物馆——以郎德上寨为例》，《中国文物科学研究》2016年第1期。

一座生态博物馆开始，到2014年，贵州省共建设了10座生态博物馆。

（二）广西生态博物馆建设"1+10"模式

1999年，广西提出建设民族生态博物馆的任务，由广西民族博物馆牵头，采取与各地方政府合作的方式，于2004年先后建成了南丹里湖白裤瑶生态博物馆、三江侗族生态博物馆和靖西旧州壮族生态博物馆三个试点项目。2005年，自治区政府明确提出广西民族生态博物馆"1+10"建设模式，并列入自治区"十一五"规划，"1"是广西民族博物馆，"10"是分布在各地的10座生态博物馆。[1]

三个试点项目后，到2009年，全区陆续建成贺州客家生态博物馆、融水安太苗族生态博物馆、灵川长岗岭商道古村生态博物馆、东兴京族生态博物馆、龙胜龙脊壮族生态博物馆、那坡黑衣壮生态博物馆、金秀坳瑶生态博物馆等。

广西民族博物馆有一个专家团队指导全区的生态博物馆建设，在每个馆设立工作站，派驻联系人，负责展览等业务工作。其中最有特色的是民族志纪录片计划，培训生态博物馆的工作人员、所在地村民使用摄像机记录生活，每年举办民族纪录片影展，出现了《白裤瑶的葬礼》《取粘膏》《瑶纱》《白裤瑶的外国干爹》《打铜鼓》等一批纪录片作品。

（三）云南、内蒙古与东部地区的生态博物馆建设

作为民族文化大省，云南从1998年就提出建设民族文化生态村的重要战略。民族文化生态村虽然没有使用生态博物馆的名称，但具有生态博物馆意义，性质就是生态博物馆。经过近十年的建设实践，

---

[1] 覃溥：《守望家园：广西民族博物馆和广西民族生态博物馆建设1+10工程建设文集》，广西民族出版社2009年版。

云南已经陆续建成一批省级民族文化生态村。2006年1月，勐海县西定乡章朗村布朗族生态博物馆建成开放，从此，以生态博物馆名义保护民族文化的机构在云南落户。与贵州和广西的做法不同，云南的生态博物馆（民族文化生态村）建设由省委宣传部统一规划和领导，而非文化文物部门牵头，云南省社会科学院和云南大学等机构和院校参与指导，各地政府和村民负责建设。云南大学主持建设的民族文化生态村有六家：丘北仙人洞彝族文化生态村、新平南碱傣族文化生态村、弥勒可邑彝族文化生态村、腾冲和顺文化生态村、景洪巴卡基诺族文化生态村、石林月湖彝族文化生态村。云南大学伍马瑶人类学博物馆还将这些生态村作为该馆民族文化展的主要内容，少数民族村寨的生活方式进入了大学校园。[1]

民族文化生态村的建设也是以项目形式进行的，项目结束后，运营情况并不理想。一些没有后续项目支持且自身能力不足的村落，逐步放弃了民族文化生态村建设。云南元阳哈尼族梯田文化生态博物馆（箐口村）、个旧云南锡博物馆（工业矿区部分）是后续建立的生态博物馆。前者将民族村寨、世界遗产梯田文化等作为核心文化要素，将田园、村落作为整体进行保存，突出山地农业文化的总体性。后者以锡工业为对象，将城市景观与锡工业遗产融合起来，由云锡公司负责运营管理。

2001年，内蒙古自治区达尔罕茂明安联合旗启动敖伦苏木生态博物馆建设，2004年建成，这是内蒙古的第一座生态博物馆。"十一五"期间，全国各地陆续提出建设生态博物馆的任务，生态博物馆的建设规划出现了一个小高潮。2009年，东部地区的安徽、浙江等地建成了一批生态博物馆，如安徽西递宏村生态博物馆、浙江安吉生态博物馆群等。东部地区经济相对发达，这些新的生态博物馆探索被苏东海

---

[1] 尹绍亭主编：《云南大学伍马瑶人类学博物馆藏品图集》，云南大学出版社2006年版。

誉为"第三代生态博物馆"。[1]加州大学伯克利分校人类学家纳尔森·格雷本认为,安吉生态博物馆群的模式特别关注"生产""生计",而不仅仅是"生态",和法国最初的生态博物馆设计思路类似,不是北欧那种重点关注"生态"而忽视"生产""生计"的类型,对中国生态博物馆发展而言,是一种创新,可以被认为是一种"成长型"生态博物馆。[2]

2011年,国家文物局启动《关于命名首批生态(社区)博物馆示范点的通知》,浙江省安吉生态博物馆、安徽省屯溪老街社区博物馆、福建省福州三坊七巷社区博物馆、广西龙胜龙脊壮族生态博物馆、贵州黎平堂安侗族生态博物馆被命名为首批生态(社区)博物馆示范点。国家示范项目的推进对生态博物馆建设起到了重要的积极作用。

(四)生态博物馆建设的"六枝原则"

2005年,基于我国第一批生态博物馆的建设经验和做法,中国和挪威学者合作,在贵州省六盘水市六枝特区提出了"六枝原则",共九条,内容如下:

(1)村民是其文化的主人,有权认同与解释其文化;

(2)文化的含义与价值必须与人联系起来,并应予以加强;

(3)生态博物馆的核心是公众参与必须以民主方式管理;

(4)旅游与保护发生冲突时,保护优先,不应出售文物但鼓励以传统工艺制造纪念品出售;

(5)避免短期经济行为损害长期利益;

(6)对文化遗产进行整体保护,其中传统技术和物质文化资料是核心;

---

[1] 潘守永:《"第三代"生态博物馆与安吉生态博物馆群建设的理论思考》,《东南文化》2013年第6期。

[2] Nelson Graburn, *Anji County: The Ecomuseum Grows Up!* (in press).

（7）观众有义务以尊重的态度遵守一定的行为准则；

（8）生态博物馆没有固定的模式，因文化及社会的不同条件而千差万别；

（9）促进社区经济发展，改善居民生活。

这些原则的核心是更好地在文化原生地保护文化，更尊重村民的主人地位。其实，这也是生态博物馆建设发展的难点。生态博物馆虽然在文化遗产保护与传承方面起到不可替代的作用，但是它既要"落地生根"，更要"与时俱进"。在许多地方，生态博物馆被视为一个建设投资项目，至少是一个能"生蛋"的旅游项目。所以当"认清"了生态博物馆是一个比较纯粹的文化项目之后，许多原来计划建设生态博物馆的地方打了退堂鼓。事实上，在"六枝原则"中，"促进社区经济发展，改善居民生活"是一项基本内容。产生误会的原因，还是没有认真领会"六枝原则"的精神。

生态博物馆对当地人的意义不仅是立项报告和教科书中的文字，它是非常具体的计划，不仅是一个表征传统文化的秀场，更是关乎村民生计的项目。我受邀参加广西龙胜各族自治县龙脊壮族生态博物馆开馆剪彩时，一名参加完仪式的村民向我推销家里生产的辣椒，并指着小广场前面的稻田对我说，这是她家的稻田，如果我愿意可以来投资，和她一起搞农家乐。在主持规划设计山西平顺县太行三村生态博物馆时，我要求村主任必须参与设计。白杨坡村的项目就是团队和村书记岳安龙一起反复讨论、修改后提出来的。

经过30多年的不断探索，我国第一批生态博物馆建设实践初见成效，中国博物馆协会的理论培育、实践指导和工作协调起到了关键作用。从西部逐渐扩展至中东部地区，从专注于少数民族文化遗产扩展至关注整个中华民族文化遗产，生态博物馆建设为文化遗产保护和博物馆发展开辟了一条崭新的道路。

中国化的生态博物馆建设，在政府主导下，集合了国家对少数民族和边远地区人民在政治、经济和文化各方面的扶助政策和措施，是精神文明建设与物质文明建设"两手都要硬"的构建社会主义和谐社会理念在少数民族地区的初级阶段实践，其成效与影响给人感觉之强烈，超过了在任何一个经济发展走在前列的地区建设生态博物馆给人的感觉——因为差距与不平衡已延续了半个多世纪！尽管生态博物馆带来的变化只是刚刚开始，但今天的生态博物馆所在地的少数民族传统文化在生态博物馆理念的指导下已经得以有效保护，这与民族地区经济尤其是由生态博物馆建设带动起来的第三产业的出现与发展是分不开的，与当地人民对生态博物馆的欢迎态度和参与程度更有着密切联系。

生态博物馆建设把普通人的文化，也就是普通人的生活方式放到和精英文化等同的地位，这是以往从来没有过的。因此，生态博物馆、社区博物馆从出现的那一刻起，就被打上了"新博物馆学""博物馆革命"等标签。新博物馆学的国际组织也自称"国际新博物馆学运动"。文化是浸润人性的光芒，在经济欠发达地区，传统文化曾因经济动力不足而长期备受歧视。生态博物馆、社区博物馆（包括部落博物馆和邻里博物馆等）的出现不仅提供一个新的文化行动，而且是一种方法论革命，即不是将物化的文化载体搬到传统博物馆内，而是将其保留在文化的原生地，从而妥善处理民族传统文化的传承与发展中"鱼儿离不开水"的问题，使民族文化更深地扎根于肥沃的生活土壤之中，得以生机勃勃地发展与延续。

彼得·戴维斯认为生态博物馆是一种地方感知的唤醒与再塑造，[1]尹凯认为生态博物馆的核心还包括了一种历史感的塑造。[2]中国的生态博物馆建设与国外生态博物馆建设的基本原则是一致的，即都遵循

---

[1] Peter Davis, *Ecomuseums: A sense of place*, 2nd edition, UK: Continuum International Publishing Group, 2011.

[2] 尹凯：《生态博物馆：思想、理念与实践》，科学出版社 2019 年版。

文化遗产和自然遗产原地保护的原则。但是，中国生态博物馆的建设一开始就具有很强的"中国化"色彩，这是由中国的国情——中国民族文化，尤其是少数民族文化广泛根植在欠发展的广阔农村的实际国情所决定的。

表 8-2　贵州第一批生态博物馆基本情况一览表

基本情况	馆名			
	梭嘎生态博物馆	镇山生态博物馆	堂安侗族生态博物馆	隆里古城生态博物馆
建成开放时间	1998年10月31日	2002年7月	2005年6月4日	2004年10月15日
位置和交通	距县城六枝特区45千米	距贵阳市21千米，距花溪9.5千米	距黎平县城75千米，距从江县城35千米	距锦屏县城45千米，距黎平机场21千米
经费投入	总投资340万，其中挪威投资占26%	210万	90万	150万
其他投入	不详	135万	138万	396万国债
资料信息展示中心	功能齐备	功能齐备	功能齐备	功能齐备
管理	村委管理村寨，文物部门管理资料信息展示中心并监管村寨遗产保护	村委管理村寨，文物部门管理资料信息展示中心和遗产保护	村委管理村寨，旅游公司管理资料信息展示中心，文物部门监管村寨遗产保护	乡政府管理古城，文物部门管理资料信息展示中心并监管古城遗产保护

(续表)

基本情况	馆名			
	梭戛生态博物馆	镇山生态博物馆	堂安侗族生态博物馆	隆里古城生态博物馆
物质文化遗产	草顶房（结构草顶房、土墙草顶房、石墙草顶房），"戛房""妹妹棚"等特殊用途的建筑	特色民居、武庙，明代的屯墙、院落，石板房、石板路	鼓楼、花桥、戏台、吊脚楼、寨门、禾仓、草棚、碾房、歌坪、萨坛、梯田、石板路、水系、原始森林等	明代的军事屯堡、城墙、城门楼，古井、龙柳书院、状元桥、宗祠、独特的圆卵石铺的古街道
非物质文化遗产	头饰、挑花、刺绣、蜡染、铜饰、羊毛制品等的制作技艺，跳花坡、端阳节、耗子粑节等传统节日，其他民间技术，歌舞	布依族传统节日（三月三、六月六歌节和跳场）及节日庆典，服饰、乐器、饮食等的制作技艺，歌舞	侗族大歌、侗戏、侗族舞蹈，银饰、刺绣等的制作技艺，民间传说故事	舞龙、玩花脸龙、玩花灯，戏曲，民间传说故事

第9章 第三代生态（社区）博物馆的探索

生态（社区）博物馆是新博物馆学理论指导下的一场博物馆运动，践行遗产的在地化、整体性与主体性保护，物质文化遗产和非物质文化遗产并重，以兼容遗产保护与社会发展为使命。国际范围内，生态（社区）博物馆仍存在争议。可视化生产与参观性使得博物馆所在社区成为"被参观的对象"，文化赋权被讥讽为形式主义。法国、越南的某些生态博物馆在运营若干年后被迫关闭，中国贵州的某些生态博物馆的生存与发展暂时遇到了挑战，甚至有人怀疑"生态博物馆失败了"。

中国东部地区的"第三代生态博物馆"类型是否可以成为一种新的试验或方向？文化赋权与经济效益之间的张力如何理解？所谓的"安吉模式"是摊大饼吗？这些问题和议题，需要给出学术性的批判与反思。

一、第三代生态博物馆：生态博物馆建设的安吉模式

简单来说，生态博物馆就是将社区整体作为博物馆，它兼容保护与发展双重议题，是一种生活方式博物馆（living heritage museum）。它的三个特性，即遗产的在地化保护、整体性保护以及遗产保护与发展议题的统一，是新博物馆学运动的产物，是后工业社

会人们对于生态环境问题更为关注的理性反应，更是地方性意识崛起的一种表达。[1]

从法国、意大利以及巴西等国的生态（社区）博物馆实践中，我们可以看到文化赋权（culture empowerment）、地方感（sense of place）以及历史感（sense of history）的制造，基本上是三位一体的。在世界的其他地方，生态（社区）博物馆建设对社区的总体性遗产进行系统梳理，并在概念上进行提升，在资源意义上进行某些功能性转化，挖掘以及唤醒本地人对自身历史、文化与所在社区／社群"生态"（自然的以及生计的）的新认识，利用博物馆工具箱，无论设置资料信息中心还是文化认知中心，这个博物馆工具都发挥了巨大的作用，某种意义上它就是生态（社区）博物馆的小发动机。拥有历史，究其实质是拥有历史的解释权，正如"六枝原则"宣称的那样：村民是文化的主人。从生态（社区）博物馆的发展历程看，它的足迹似乎也属于全球化的一部分，但从其实现文化赋权的目的看，它又是对抗全球化的重要工具。[2]这的确相当吊诡。

一般认为，生态博物馆的建设没有固定模式，也不必有一定模式，各馆都有一套独特的经历和经验。此观点还强调了生态博物馆作为一个过程而不是固定结果的独特性和价值所在。若从这个角度来看其他类型的博物馆，我们也可以得出类似的看法，即博物馆是一个过程而非一个结果。很多情况下，过程与结果之间绝非简单对应，过程其实也可以是一种结果（形态）。近年来对博物馆定义的修订与再思考，既反映了博物馆多元化实践的事实，也反映了博物馆认识论的不断丰

---

[1] 安来顺：《一种以社区为核心的开放型博物馆——国际生态博物馆40年探索》，《中国文化遗产》2011年第6期；潘守永：《生态博物馆及其在中国的发展：历时性观察与思考》，《中国博物馆》2011年第Z1期。

[2] Peter Davis, *Ecomuseum: A Sense of Place*, 2nd edition, UK: Continuum International Publishing Group, 2011.

富与变化。

立足于整体性保护的生态（社区）博物馆与一般性的乡村博物馆之间，就其文化赋权而言，并不必然存在差别。普通形态的乡村博物馆也可以实现文化赋权的目的或结果，而不必把社区整体作为博物馆。但大多数情况下，乡村博物馆具有突出的生态（社区）博物馆特征与意义，具有相同或相似的社会身份建构。生态（社区）博物馆与一般乡村博物馆的区别也是明显的，除了外在特征的差别外，主要是社区区隔上的差别以及由此造成的文化心理差别。在中国的具体语境中，两类博物馆的差别通常被描述为外在特征的差别，或者仅仅是名称上的区别，并不区别它们本质上的不同。

以安吉生态博物馆群为代表的第三代生态（社区）博物馆形态，就是在四类遗产资源分析的基础上，对传统生计文化类型进行系统的梳理和整合，并在生态博物馆总体规划中给予特别重视，纳入总体规划的优先选择。经过这些年的探索，安吉生态博物馆群建设以县域规划为总领，以传统业态的转型提升为指标，以生态—生计的融合为方向，由政府主导，经专家指导，以村落—居民（企业）为主体，因而走出了一条新的道路。主要特点是：以"博物馆群"的模式为指导思想，建成"一个中心馆、十二个专题生态博物馆与多个村落文化展示点（馆）"的组织结构和"村落—乡镇—整个县域"的点、线、面式辐射网络。这十二个专题馆分布在安吉境内各乡镇，与地方原有的产业资源相结合，实际上是一种以文化遗产原生环境即整个社区来构建开放式博物馆群的发展思路。

这里提出生态博物馆的"安吉模式"或称"第三代模式"，并非挑战这个一般性的"常识"和看法，而是希望借用"模式"（也有学者倾向于用"经验"或"范式"）来梳理以安吉生态博物馆群为代表的东部地区生态（社区）博物馆建设的过程、经历、经验以及可能的理论意义。当我们强调生态博物馆"没有固定模式"时，我们使用的是模式"使人可以照着做的标准样式"这个最基本的意义。[1]

生态博物馆起源于1970年代的法国，当时乔治·亨利·里维埃（Georges Henri Riviere）和雨果·戴瓦兰将环境保护理念引入文化遗产保护与博物馆建设，把生态（ecological）和生计（economic）看作有机整体，用动态的概念实现对一个社区的整体保护。[2]有学者主张，生态博物馆的渊源可以追溯到北欧以斯堪森（Skansen）为代表的露天民俗博物馆（open-air museum）实践，虽然斯堪森至今没有使用生态博物馆这个名称。[3]美国的普利茅斯农庄（Plymouth Plantation）、殖民地威廉斯堡（Colonial Williamsburg）以及阿米什社区（Amish Community and House）等社区博物馆，也都被视为具有生态博物馆的意义，其建立的时间也都早于法国。彼得·戴维斯所著《生态博物馆：地方之理性》对于生态博物馆在不同国家和地区的开展以及缘由有比较翔实的评述，指出生态博物馆有不同的传统，但法国则是生态博物馆思想的策源地。[4]

英文ecomuseum被译成中文的"生态博物馆"，这是一对新鲜而又陌生的词汇。经过贵州、广西、浙江、安徽等地的具体实践，生态博物馆理念得到比较广泛的认同。这也得益于苏东海和安来顺两位

---

[1] 关于"模式"的基本解释是"某种事物的标准形式或使人可以照着做的标准样式""解决某一类问题的方法论，即把解决某类问题的方法总结归纳到理论高度"。亚历山大给出的经典定义是：每个模式都描述了一个在我们的环境中不断出现的问题，然后描述了该问题解决方案的核心，通过这种方式，你可以无数次地使用那些已有的解决方案，无需重复相同的工作。同时，模式"是一种参照性指导方略"。显然，模式的含义是相当复杂的。

[2] ［法］乔治·亨利·里维埃：《生态博物馆：一个进化的定义》，《中国博物馆》1995年第2期。

[3] 斯堪森建立于1891年，由移植过来的瑞典全国范围内160多座农舍聚合而成，全面反映工业化之前的传统世界。这个博物馆的建筑虽然也是传统的"原物"，然而是"移植"来的，脱离了原来的生态环境和人文环境，故不被认为是严格意义上的生态博物馆。

[4] Peter Davis, *Ecomuseum: A Sense of Place*, 2nd edition, UK: Continuum International Publishing Group, 2011.

对生态博物馆概念的传播与普及所做的大量工作。[1] 但是，国内的一般学人对于生态博物馆内涵、外延以及世界各国所进行的实践探索则所知不多，甚至将生态博物馆理解为"生态保护区"之类的机构，认识上存在的差异也比较大。

有学者甚至主张，ecomuseum 应该按照实际意思翻译为"社区/社群博物馆"，因为"生态博物馆"一词容易望文生义，被人理解为自然保护区或植物园。在拉美地区博物馆学者提出的"社会博物馆学"（sociomuseologie）理论框架中，生态博物馆、社区博物馆、露天博物馆等等都被看作是同一种形态，属于新博物馆学或社会博物馆学理论体系之下的融合社区发展和博物馆于一体的新博物馆。名称之别说明了不同地区实践经验的差异。[2]

生态博物馆作为一种文化工具，在保护传统村落、传统城市社区方面的积极作用已经取得业内的广泛共识。但在许多发展中国家，生态博物馆是作为一个社会运动开展的，不纯粹是专业领域的学术活动。在国际博物馆学理论界，生态博物馆实践探索被认为是新博物馆运动的重要组成部分，而 1984 年的《魁北克宣言》自然是这个新博物馆学运动的组织化的起点。[3] 新博物馆学运动的理路，既有后殖民主义思潮的影响，更直接源于当代艺术的反博物馆化以及博物馆反精英化。目前，在拉美国家，社会博物馆学被认为是博物馆学旗帜最鲜明的一场运动，是博物馆学新发展最有说服力的标志和方向。[4]

---

1 苏东海的论述主要收入《博物馆的沉思：苏东海论文选》卷二、卷三（文物出版社 2010 年版）；安来顺论述较多，代表性论述有《国际生态博物馆 40 年：发展与问题》，《中国博物馆》2011 年第 Z1 期。

2 Paula Assuncao, "Introduction", In Paula Assuncao and Judite Primo (eds), *Sociomuseology Series 4: To Think Sociomuseologically*, 2nd edition, Museology Department, ULHT, 2013.

3 1983 年 5 月 26 日，戴瓦兰等起草了《生态博物馆魁北克宣言》（Ecomuseum Declaration of Quebec），1984 年修订为《魁北克宣言》（Quebec Declaration）。

4 Mario Moutinbo, "Evolving Definition of Sociomuseology: Proposal for Reflection",

生态博物馆是一种保护文化遗产的新模式，其"先进的思想"对传统博物馆产生了革命性的影响。传统博物馆以藏品而知名，其工作围绕藏品开展，具有典型的"自我循环"特征。生态博物馆强调与社区的融合，强调"普通文化"与"精英文化"的平等价值，主张博物馆应积极参与解决社会问题，对社区发展做出自己的贡献。博物馆不是储藏室，而是社会发展的镜子，也是多元文化展示和观点交流的平台。

中国的生态博物馆实践首先与转型的中国社会息息相关，从更广泛的国际范围来看，它自然是国际新博物馆学运动不可分割的有机部分。探索中国语境之下的生态博物馆发展，既要立足于中国历史文化与当前社会变革发展的实际，又要建立国际化的比较分析的视野。

二、生态博物馆在中国"实践探索"的简要回顾与思考

以社区为中心、把遗产留在当地，这是生态博物馆的两个核心。对其40年的发展历程、成败得失，已经有较多的论述，其中彼得·戴维斯和安来顺的论述最为翔实可信。[1]

1980年代中期，"生态博物馆"概念通过《中国博物馆》杂志被翻译介绍到中国，[2]并没有引起很多人的注意，当时整个中国博

---

in Paula Assuncao and Judite Primo (eds), *Sociomuseology Series 4: To Think Sociomuseologically*, 2nd edition, Museology Department ULHT, 2013.

[1] Peter Davis, *Ecomuseum: A Sense of Place*, 2nd edition, UK: Continuum International Publishing Group, 2011；安来顺：《一种以社区为核心的开放型博物馆——国际生态博物馆40年探索》，《中国文化遗产》2011年第6期。

[2] 安来顺：《一种以社区为核心的开放型博物馆——国际生态博物馆40年探索》，《中国文化遗产》2011年第6期；苏东海：《生态博物馆的思想及中国的行动》，《国际博物馆（全球中文版）》2008年第1—2期，第29—40页，收入苏东海《博物馆的沉思：苏东海论文选》卷三，文物出版社2010年版。

物馆事业还处在百废待兴的"恢复期",一般知识和思想界均认定1980年代存在一个"文化热",但此"文化热"对于博物馆似乎没有产生思想和知识的"启蒙",或者说,博物馆的恢复和再出发与"文化热"是两条并行的平行线。按照苏东海的说法,中国博物馆学的理论指南一直是1950年代依托苏联博物馆学理论建立起来的中国特色理论,这个博物馆学理论的核心是"三性二务"(即博物馆是科学研究机关、文化教育机关、物质文化与精神文化遗存或自然标本的主要收藏所三重基本性质和为科学服务、为广大人民服务两项基本任务),其与当代国际新博物馆学的理论显然可以兼容。[1]大家热衷于讨论1990年代以后博物馆学理论的缺失或迷失,其背景则是国际博物馆学的理论新进展与中国国内博物馆实践之间产生的巨大张力。生态博物馆在中国的实践,则被认为是一个例外。2003年,广西提出的生态博物馆建设"1+10"工程,是一个博物馆联合体,或者"博物馆联盟""博物馆群"的概念。三江侗族生态博物馆、融水安太苗族生态博物馆和东兴京族生态博物馆等三个馆的资料信息中心,实际上是他们的县博物馆(一个单位两套牌子)。只是这些生态博物馆分布较为广泛,项目立意的选择更多是基于文化资源以及文化政治(博物馆政治)的考量。云南、内蒙古等地也陆续建设生态博物馆(民族文化生态村)。

苏东海认为,以梭戛生态博物馆为代表的贵州生态博物馆是中国生态博物馆的第一代,它们开启中国生态博物馆的试验。而广西、云南及内蒙古等地的生态博物馆,特别是广西生态博物馆群,则代表了中国生态博物馆的第二代。2005年提出的"六枝原则",获得国际学界的普遍认可。很明显,第一、二代生态博物馆基本不考虑游客的需求,不但没有设计游客服务设施,也没有应对游客的策略,村民面

---

[1] 苏东海:《新中国博物馆事业的发展:1949—2005》,《中国文化遗产》2005年第4期。

对游客通常不知所措。"不鼓励游客""不主动接待游客"成为这些生态博物馆的座右铭,实际上制约了它们的发展。当地政府抱怨最多的是生态博物馆不赚钱,名声越大,接待任务越多,花费也越多,甚至会赔钱。有学者甚至批评梭戛生态博物馆在一定意义上成了"文化代理"机构,当地人并没有获得实际的益处,村民自然无法成为"六枝原则"所说的"文化的主人"。也有不少慕名而来的记者、学者看到冷冷清清的局面,认为生态博物馆在贵州的"试验"失败了。[1]

为什么法国的生态博物馆形态没有进入中国?这是一个无法给出确切答案的问题。的确,法国形态的生态博物馆以及英国形态的生态博物馆(以铁桥谷工业遗产群为代表)均把生态和生计放在同等重要的位置。

进入21世纪,生态博物馆逐步进入东部地区,其做法没有按照挪威模式,而是采用了法国模式。到2011年,东部地区已经陆续建成了十多个生态(社区)博物馆。同年,国家公布的首批五家全国生态(社区)博物馆示范点中,西部地区有两个项目,东部地区有三个项目,表明东部地区虽然开展生态博物馆的时间较短,但取得的成就不逊色于西部。

东部地区生态(社区)博物馆建设的背景、社会资源以及社会经济基础与西部地区存在较大区别,改革的红利充分释放,人口资源因素、社会动员能力以及对于生态博物馆的工具性需求,更与前述西部地区明显有别。这些地方普遍已经解决了温饱问题,已经或者即将进入富裕阶段。社会总体财富的占有比率、社会如何再分配等议题是更广义的社会背景和基础。在名称使用上,兼容了生态博物馆和社区博物馆,这也是一个创新。

---

[1] 毛俊玉:《生态博物馆只是一种理念,而非一种固定的模式——对话潘守永》,《文化月刊》2011年第10期,第24—26页。

同样，开始于21世纪的非物质文化遗产保护与实践，在舆论动员、知识传播与普及、保护传承技术的探索等方面，都是前所未有的，这是新的生态博物馆建设的技术保障和基础。因此，东部地区的生态博物馆被苏东海称为"第三代生态博物馆"是非常有道理的。

当然，生态博物馆从西部到东部的发展并不是简单的进化。立足于文化遗产保护与社区的整体发展，是所有生态博物馆的共同使命，但东部地区对旅游采取了更积极的态度，把遗产地的生计议题放到重要位置。纳尔森·格雷本认为安吉所代表的生态博物馆类型关注自然生态和经济生态（两个英文词汇均是 eco- 开头的词汇），更接近生态博物馆在法国创立时的最初含义。[1]

三、安吉生态博物馆群的定位：家园守望与寻求诗意的栖居空间

当安吉进行生态博物馆的探索之时，生态博物馆在中国并没有获得相应的好名声。也有人认为安吉发展生态博物馆纯粹是一种偶然。安吉生态博物馆群建设的过程以及许多细节，在程亦胜、黄承文、程胜军等的论述中，以及在安吉县有关生态博物馆的各类管理文件、通知以及汇报材料中，均有呈现，这里无须重复。苏东海、单霁翔、严建强、张晋平、曹兵武、陈官忠、潘守永等都有一定的理论概括和归纳，综合来看，安吉博物馆至少有六个方面的价值或意义。

在最初的阶段，关注安吉生态博物馆建设的学者以及安吉县政府曾经提议使用"中国生态博物馆"概念凸显各种"中国文化符号"，这清楚表现出安吉的雄心，并经浙江省人民政府批准正式启动相关行政审批程序。在国际上，生态博物馆的命名原则之一是"小地名"原

---

[1] Nelson Graburn, *Anji County: The Ecomuseum Grows Up!* (In press).

则，类似于考古学文化的命名，所以冠名"中国"并不是理想的选择。安吉生态博物馆群在建设中存在过反复，之所以能够呈现出今天的模样，也是不断磨合甚至斗争的结果。

安吉生态博物馆群的定位，是一个非常值得研究的课题。一开始，安吉县经过反复论证，确立了"生态立县"这样的宏伟目标，确定要在"美丽乡村"建设中大有所为，要统筹城乡一体发展。笔者认为，这是生态博物馆"安吉模式"中最根本也是最重要的一点。在当前中国的基本格局之下，必须处理好局部与整体之间的辩证关系，县域作为一个基本单位，能否统筹规划、整体规划，是生态博物馆成功与否的关键。一个村落，哪怕再小，在地缘上、行政上以及文化上都是与周边有密切关联的，而现有村落的各项能力严重不足，缺乏自治的条件和基础，这是中国乡村与欧美乡村甚至拉美乡村的根本性不同。生态博物馆的建设假如忽视这个事实，则很难进行。社会学、人类学和发展研究对于基层社会的基本认识，已经比较充分，生态博物馆建设者要善加利用这些学科的成果。

目前中国推进的"新农村"建设，也是以资源和力量整合优化为手段，以高质量的公共服务和乡村生活的整体提升为目标。新农村建设方略，融合了多个学科、众多专家的智慧，其对中国现状的剖析以及对未来走向的分析，是生态博物馆设计必须参照的系统性资源。[1]

需要强调的是，这个关键点解决了"自上而下"的核心问题。旅游与文化遗产保护的关系如何处理，安吉在建设生态博物馆群之初，就已经决定将博物馆与"一村一品"和"美丽乡村"相结合，吸引旅游，将县域打造成上海、杭州等城市的后花园。生态博物馆不回避旅游，主动用旅游扩充资金，在过去被认为是大逆不道的。2013年第23届

---

[1] 程亦胜：《安吉建设生态博物馆的实践和思考》，《中国文物报》2013年2月20日第6版。

国际博协大会（在巴西里约热内卢举办）上，国际新博物馆学运动小组的讨论主题就是生态博物馆如何与旅游结合。安吉生态博物馆群突出旅游的价值，这也是与本地已经成长起来的"农家乐"密切适应的。

安吉生态博物馆群定位为一个开放的动态系统，由中心馆（暨资料信息中心）—专题展示馆—村落文化展示馆（点）的体系组成。[1] 展示馆和展示点都不是由政府投资建设，主题定位、建设规模均由民众设计，资料信息中心给予必要的专业指导，但能否进入这个开放系统以及成为哪个层次的一部分，需要经过一系列的考评。考评委员会根据规模、面积、主题是否与生态博物馆主旨体系相符，以及未来发展的可能性等，认定其是否进入生态博物馆系统。

"美丽乡村"建设的一村一景，不少都经过专业化的提升而成为展示馆或展示点；不少企业主办的小型博物馆经过主题提升和规范也进入生态博物馆体系。在整个建设过程中，大大小小的展示馆、展示点一度有50多个，经过不断对比、优化，确定为目前的1个中心、13个专题展示馆和26个村落文化展示馆（点）。这个做法解决了另一个关键性问题即"自下而上"的问题。[2]

2012年10月，安吉生态博物馆中心馆正式对外开放，标志着我国东部地区第一座生态博物馆落成。安吉生态博物馆群的建设在理念、

---

[1] 各专题博物馆、展示点或展示馆等的称呼以及名称的使用，有一个变化的过程，在建设实施过程中使用的概念并不一致，这从不同时期的政府文件和通知中可以看到。这些变化一方面说明博物馆建设实施者在认识上的提升，另一方面也说明对于此生态博物馆群的研究需要进行持续的"过程观察"。

[2] 多年前，胡朝相先生在中央民族大学的讲座中提到，让当地人认识到生态博物馆是自己的，非常不容易，因为当地人收入或处于温饱线以下，文化自觉意识可能较为欠缺。他举例说，一次，他在贵阳家中接到梭戛村主任的电话，说最近下大雨，博物馆的房子都漏雨了，让他赶紧回来修。村主任问："这个博物馆你还要不要了？"村民一直觉得这个博物馆不是他们的。又一次，村主任在管理资料信息中心的时候，把电视等都搬回了自己家，胡先生问他为什么搬走属于集体的东西，村主任回答，村民没有时间看管这些东西，怕被人偷走，放在自己家中最安全。这些例子发人深思。

展示方式及运营模式等方面独树一帜,的确形成了一套"安吉模式"。其关键词,除了前述的文化遗产、人文生态—自然生态、社区、居民、资料信息中心、记忆、传承外,还可以进一步凝练出"遗产与资源特色及整合""居民与政府的良好配合及文化自觉""点—线—面式博物馆群创新""制度先行与良性运转"等。

(一)遗产与资源特色及其整合

安吉县域内的文化遗产自然遗产及资源的特色主要表现在生态、历史、人文以及产业四个方面(安吉生态博物馆群的规划及建设报告将之提升为"四大特色资源",概括非常准确)。

安吉县位于浙江省西北,景色优美,临近杭州、上海、南京等城市,被誉为"都市后花园",自然物产丰富,以"中国第一大竹海""万亩白茶"享誉国内。依托自然生态大力发展的竹产业、茶产业已经成为安吉县的支柱产业。其他传统手工制作和传统饮食文化亦丰富多彩。

安吉历史悠久,名字取《诗经·无衣》"安且吉兮"之意,自东汉中平二年(公元185年)建县,至今已有1800多年历史,岁月积淀,留下丰富的历史文化遗迹、遗存。考古发掘出土的文物以数量多、成套系、质量精为特点,加上良好的文化遗产特别是文物收藏与保护的基础,馆藏文物十分丰富,地面以及地下文物遗址保存完整良好。

安吉是移民大县。近代以来,来自河南、湖北、安徽和本省宁波、绍兴、温州等地的民众先后迁入,各种传统民俗、生活方式与本地特色结合,产生了丰富多彩的移民文化。多样的民俗文化保存完整,传延有序。

在遗产相关的项目中,产业资源通常不被重视,甚至不被提及,这是不应该的。一个地方的"业缘"与"业态"也是当地人文生态的组成部分。在欧美国家的生态博物馆建设中,某些厂矿都成为生态博物馆的理想选址。

（二）居民与政府的良好互动

"安吉模式"取得有价值的经验，得益于安吉县自身在社会经济发展等方面的坚实基础。在文化保护、经济、社会、生态发展过程中，安吉县一直走在全国前列，全国首个生态县、全国第一批文物先进县、亚洲首个"联合国人居奖"等，这些都印证了安吉优越的基础条件。2008年，安吉县开展"美丽乡村建设"，以"一村一景、一村一韵、一村一品"为目标，大大改变了村容村貌，发掘出各个乡镇最富代表性的文化特色，建立了一批以村落为基础的文化展示馆，此举美化了村容村貌，提升了乡村生活的质量，得到基层民众的接受与欢迎。

在当前的政治经济环境之下，政府的文化部门扮演着极为重要的角色。但文化部门在政府部门中往往处于所谓的弱势地位，究其原因还是文化部门工作的重要性通常不被看好。在地方社会经济大局中，文化常被认为只是敲敲边鼓。从这个意义来说，文化受到重视的程度（也可以从文化官员的社会地位和知名度来判断）是检测这个社会经济发展水平和文明程度的标尺。但选择生态博物馆之路，仅有政府的觉悟还不够，没有居民的自愿融入，努力可能也是徒劳。因此，村民的自觉自愿，也就是所谓"居民的文化自觉"才是关键。安吉生态博物馆群之所以成为县政府的主要工作，除了县领导的文化觉悟，也与当地文化部门、文化工作者大量卓有成效的工作是分不开的。只有文化工作到位，政府与居民在生态博物馆的建设上才能形成良性互动。文化自觉性不会凭空产生，借助政府、文化部门以及地方精英的启蒙、引导以及相应扶持，学会顺势而为，才能形成相应的氛围。

有关中国基层社会的研究分析表明，在县域范围内，政府官员大部分都与乡村有丝丝缕缕的联系，城乡并非截然二分。这里与大都市不同，城市生活具有浓郁的乡土气息，乡村也沾染城市的味道。在民营企业特别发达的浙江，城乡之间在社会生活的便捷程度上几乎没有太大差别。村民城市化（乡村居民生活和城市居民无大差别）以及居民乡村化（城市居民退休后返回乡村居住）成为这里"城乡一体化"的一道风景。

（三）点—线—面式博物馆群创新

在整体结构上，安吉生态博物馆采用了"博物馆群"的模式，构成"村落—乡镇—整个县域"的点、线、面式辐射网络。这种模式，建立在对安吉各类文化、自然以及产业资源进行解析的基础之上，由自然生态、历史文明、民俗文化、生态产业四大部分构成，很好地阐释了当前我国对遗产的新认识，突破了以历史遗产为重点的框架，同时关注自然遗产、文化遗产、非物质文化遗产和文化景观。

博物馆群之间的联系，符合传统生态博物馆的理念，又有所创新。中心馆作为信息资料中心，是信息资料的收集、储存、研究、集中展示的场所。各专题馆分布于安吉境内各乡镇，原状展示和保护了安吉的多元文化遗产和自然环境。在专题馆之下，还有以村落单位建设的若干展示点，保护和延续村落文化精华。

（四）制度先行与良性运转

安吉生态博物馆群的运营模式，产生了三个效益：生态效益、社会效益、经济效益。首先，竹文化产业、白茶园、生态农业等建立在生态平衡和生态系统的良性、高效循环的基础上，使自然资源得到了合理的开发、利用和保护，促进了农村经济的可持续、稳定发展，由此产生生态效益；其次，静态和活态的展示、保护与传承，利用有限的资源满足了人们日益增长的物质及精神文化需求；最后，发展经济和保护生态环境相统一，生态博物馆的建设协调了经济效益与生态效益的关系，将生产工艺作为一项特色产业和民族传统工艺加以保护、展示，让生态博物馆提升产业品牌价值，发挥经济效益。

如前所述，生态（社区）博物馆不同于传统的博物馆，其形态和方法论与传统博物馆不同。某种意义上，生态博物馆与乡村社区整体是一致的，所以国际博物馆学界使用整体博物馆或总体性博物馆来概括生态博物馆的特征，就生态博物馆来说，其英文前缀 eco- 既有"生态/生计的"，也有"经济的"的意义，因此它既包含利用生态的方式，也包括经济模式。传统村落保护利用正可以借助生态博物馆的理念和做法，既做到保护传统又促进新的发展，从而实现乡村社会的经济社会和谐发展，村民同步享受技术进步和人类文明发展的成果。

传统村落保护议题已经成为近年来的热点，不同学科的视角不同，各种观点和意见也是层出不穷。从实际效果看，无论采用民宿＋乡村旅游的"公司＋农户"制度，还是乡村成立自己的农工商联合企业或其他做法，传统村落的保护很难持续。如采用文物保护的做法，比如保护修缮古建筑，很可能束缚住乡村的活力与魅力，属于故步自封，与传统村落保护利用的主旨"保住绿水青山、魅力家园"以及乡村更需要人气和新业态等理念背道而驰。

生态博物馆所倡导的文化整体论、文化保护与发展动态观，符合传统村落保护利用的主旨。前述中国各地、世界各地的生态博物馆实践，都是在面临保护与发展如何协调统一这一难题时的共同选择。

生态博物馆作为文化工具，也是创意、创新的工具。也许未来人们不再需要生态博物馆的时候，生态博物馆依然会变成传统意义上的博物馆。

四、生态博物馆与传统村落保护的创新模式

至 2020 年，经过五批全国传统村落认定等工作，以及中华人民共和国国家民族事务委员会主持推动的一系列民族特色村寨保护与传承项目，传统村落的价值已经得到全社会的基本认同。在当前的社会

经济状态下，传统村落处于极其脆弱、亟待保护的情形，不同专业的学者也都有共识，但如何保护如何传承，则见仁见智。博物馆（无论生态博物馆还是乡村博物馆），无疑是其中的一种重要力量，也是一种重要的方法和策略。

表 9-1　传统博物馆与生态（乡村）博物馆的比较
（空间、资源、科研、服务对象、目标）

传统博物馆	生态（乡村）博物馆
・特定的建筑物 ・以实物为主的藏品体系 ・特定的专门学科和专家 ・为观众服务 ・追求知识、教育和娱乐	・文化遗产的原生环境，即整个社区区域 ・文物（不可移动文物和可移动文物）、非物质文化遗产、文化景观和自然景观等村落、街区等社区内所有可利用资源 ・全方位开发，多学科取向 ・为社区居民和来社区的访问者服务 ・提升创造潜能

通过表 9-1 的比较，我们很容易明白，生态博物馆是把遗产留在当地，让遗产造福后人，生态博物馆模式是传统村落保护利用的可行模式。当然，中国生态博物馆的第一、第二代，在民族村寨保护利用方面取得的经验，需要系统总结，也需要正视存在的问题，进而解决问题。东部地区虽然没有使用"生态博物馆"名词，但所采取的做法，不少是符合生态博物馆原则和方法的,也应该被视为生态博物馆的"中国经验"。

第 10 章　地域博物馆学理论与村寨博物馆形态的新发展

作为新方法论和遗产在地化实践的地域博物馆学传统，在日本有广泛的影响，其与新博物馆学在欧美和拉美地区的兴起，具有异曲同工之效果，可以视为新博物馆学的并蒂之花。

一、地域博物馆学：遗产在地化和多学科交融发展的新时代呼吁

地域博物馆学（regional museology）是日本博物馆学者的创造，是指专注于地域博物馆发展议题的一种研究方法和研究取向。这与日本 1970 年代以降的地域主义思维有关，也被视作"地域构造共同学科"的组成部分。与西方将博物馆分类为国立博物馆（national museum）、区域博物馆（regional museum）和地方博物馆（local museum）不同，日本的地域博物馆其实涵盖了"区域的"和"地方的"两个部分。其与中国的所谓"基层博物馆"（主要指县级以下的博物馆）或者"县级博物馆"，在概念和意义体系上也不完全一致。日本著名博物馆学家伊藤寿郎对地域博物馆理论有系统性阐述，认为地域博物馆是"第三代的博物馆形态"，即关注地方，基于地方社会的需求而

运作，以本地居民的参与和体验为经营的中心。[1]关于此点，黄贞燕《博物馆、知识生产与市民参与：日本地域博物馆论与市民参加型调查》一文所论最详。[2]笔者受地域博物馆学理论的启发，在此尝试梳理我国自1980年代以来建立的各类民族村寨博物馆形态，来呼应伊藤寿郎地域博物馆不应受制于行政区划、而应立足地域社会的主张。因此，以往有关"基层博物馆""县级博物馆"的论述，需要被重新检视和批判。基于这样的认识，笔者主张，建立中国地域博物馆学的时代已经来临。

我国是一个多民族国家，各少数民族拥有各具特色的传统文化。民族村寨是民族文化的原生地，不仅保存着大量的有形文物，而且蕴藏着众多非物质文化遗产，因此民族村寨博物馆的建设具有巨大潜力。村寨博物馆成为现代化背景下出现的一种新的博物馆形式。它一般由村寨的文化环境、自然环境及一些辅助的陈列室或博物馆组成，其特点就是以村寨为单位进行保护，整个村寨中的建筑、服饰、饮食、生产生活工具以及活动、各种节日都是博物馆的"展品"。其展示形式将时间与空间，动态与静态相结合，强调文化与其所产生和依附的自然环境的整体保护，以及文化与旅游开发建设的配合。所以，我国民族地区的村寨博物馆不仅在保护少数民族传统文化方面发挥了积极作用，在保护多元文化、促进当地经济及旅游发展方面也是积极而有效的。

二、村寨博物馆理念的提出与生态博物馆理念的引进

村寨博物馆的理念最早产生于贵州。贵州是一个多民族省份，几

---

[1] ［日］伊藤寿郎、［日］森田恒之主编：《博物馆概论》，吉林省博物馆学会译，吉林教育出版社1986年版，第357、379—387页。
[2] 黄贞燕：《博物馆、知识生产与市民参加：日本地域博物馆论与市民参加型调查》，《博物馆与文化》2011年第1期。

十个主要从事农业生产的少数民族多半居住在农村，民族村寨自然成为少数民族文化的主要物质载体。因为民族文化高度凝聚在村寨文化中，所以从某种意义上说，民族文化也就是村寨文化。

贵州政府十分重视对民族村寨的保护与管理。早在1980年代，贵州省文化管理部门就组织建设村寨博物馆，先后在苗、侗、布依、仡佬、土家等民族村寨建立起了一批露天的民族村寨博物馆，成为中国最早一批村寨博物馆的探路者。1982年，贵州省文化厅（现已与贵州省旅游发展委员会整合为贵州省文化和旅游厅）发布《关于调查民族村寨的通知》指出，有选择地保护好具有地方特色和民族风格的民族村寨（包括汉族传统村落），对于研究贵州的建筑艺术、民族历史，进而建立一批露天民族民俗博物馆具有十分重要的意义。在1980年代的中国，露天博物馆还是一个相当新鲜的事物，许多博物馆管理者甚至研究者对于这些不以"文物"为对象的博物馆持怀疑态度。[1]吴正光等主持进行第一阶段的概念普及、知识传播以及普查、调查、布点等工作。[2]1986年，贵州省人民代表大会常务委员会公布《贵州省文物保护管理办法》，特设"民族文物"一章，明确规定："对具有地方特点和民族特点，并具有研究价值的典型民族村寨，以及对与少数民族的风俗习惯、文化娱乐、宗教信仰、节日活动有关的代表性实物、代表性场所及具有重要价值的文献资料，要加以保护。""各级文化行政管理部门和城乡建设环境保护部门，应在调查研究的基础上，对于历史比较悠久、建筑具有特点、民俗具有特色的典型村寨，根据其科学研究价值报同级人民政府核定公布为不同级别的民族保护村寨。"

在多年努力以及充分的调查研究、理论论证和保护实践基础上，

---

[1] 吕济民：《贵州博物馆的启示》，收入氏著《中国博物馆史论》，紫禁城出版社2004年版。
[2] 吴正光，庄嘉如：《在贵州发展民族民俗博物馆的设想》，《贵州文史丛刊》1983年第4期。

贵州省有效地保护了一批典型的民族村寨，很多以村寨博物馆、民族文化村等形式向公众开放。这些建设在村落中或以村落为对象建立的博物馆，既是文化遗产保护的本土化实践，也是村落社会现代性建构的具体表征。同时，村寨博物馆在一定程度上也对传统民族博物馆在展示功能、保护文化遗产、教育职能等方面起到一个补充与扩展的作用。[1]生态博物馆作为一种保护文化遗产的形式，补充了传统博物馆的不足，以文化保护和服务社会的姿态，最早出现在贵州，是与这些民族村寨、民族节庆和民族文物等的工作基础分不开的。

　　苏东海先生认为，生态博物馆最大的特点就是以文化为对象进行整体保护，强调文化遗产保护的原真性和完整性。将村寨博物馆与生态博物馆进行比较，虽然二者在产生背景、建设方式等方面存在差异，但我们仍可以看出村寨博物馆与生态博物馆在理念及方法上具有很大的相似性。例如，整体保护文化及其环境景观，原地保护，强调村民参与文化的保护与利用，主张博物馆是当地发展的工具，都值得村寨博物馆学习。此外，在运营管理、组织构建等方面，生态博物馆也可以对我国村寨博物馆起到参考借鉴作用。因此，在我国村寨博物馆的发展过程中，应该积极利用生态博物馆的理论及研究成果来不断丰富自己。

三、村寨文化传统的延续、传承与保护所面临的困境

　　村寨博物馆的建立初衷是保护少数民族传统文化，增强民族地区人民的文化自觉与自信心，拉动当地旅游以及相关产业的发展，其设计理念和出发点不同于一般意义的旅游景点。建立初期，村寨博物馆

---

[1] 杨正文：《从村寨空间到村寨博物馆——贵州村寨博物馆的文化保护实践》，《中国农业大学学报（社会科学版）》2008年第3期。

确实对民族文化的挖掘、保护与传承起到了积极的作用，但是，它们在开发的过程中也出现了许多不容回避的问题，这些问题对村寨博物馆日后的发展提出了严峻的考验。

民族文化的移植与改造。在学术界，对民族村寨是实行开放式保护还是封闭式保护，一直存在分歧。有人担心对外开放会加速民族文化的消亡。确实，那些建了博物馆的村寨，后来大多数成为当地发展旅游经济、开发旅游资源的首选地，被开发成景点。伴随着旅游开发，大量游客拥入，他们不可避免地将自己的价值标准、道德观念和生活方式带入民族地区，并对当地居民产生"示范效应"。此外，作为一种短期行为的旅游，旅游者更重视对民族文化表层上的娱乐和享受，而缺乏对民族文化现象深层内涵的挖掘与探究。为了迎合旅游者对有形、有声、有色、有动感、有场面、有情趣的民族文化的需要，民族村寨进行了大量的民族文化移植，甚至对原有民族文化（如民俗）进行改造。在民族文化移植与改造的过程中，村民的商品价值观、时间观念也发生了很大的改变。在某种程度上，他们已把村寨内的文化资源当成商品来贩卖，保护意识减弱。

居民的参与性不足。当地居民的参与对村寨博物馆的建设与发展至关重要，没有村民参与的村寨博物馆很难长久。当地村民居住在村寨中，是文化的主人。从管理层面讲，村寨博物馆理应由当地居民共同参与管理。但是，反观我国的村寨博物馆建设与维护，大多是地方政府部门主导下的单一行为，虽然村民也会参与，但参与程度有限，这造成了村民在实际管理中主体地位的缺失，无法在博物馆的日常经营管理上发挥应有的作用。另外，村民文化主人翁的意识薄弱，没有实现从"被保护对象"到"文化保护者"的身份转变，缺乏普遍的文化自觉。因此，政府部门和专家往往是村寨博物馆的主要领导者，而村民则变成名义上的主人、实际上的被领导者。

资金来源有限。我国的村寨博物馆大多建在民族地区，经济发展较为落后，村民收入主要来源于平时的生产生活，自给自足。建成村寨博物馆后，用于经营管理的资金主要来源于乡镇政府的拨款、博物馆门票和村民日常表演所得的部分收入。资金数额及其来源渠道的有限，使民族地区村寨博物馆在建设过程中常常会遇到经费不足的问题。因此，资金问题一直是制约村寨博物馆发展和进行日常管理的重要因素，也不利于其制订长远的发展规划。

四、博物馆话语下民族地区村寨文化的保护

保护与维持一个博物馆要比建立一个博物馆更难，对乡村来说尤其如此。用传统博物馆的模式或方式来管理一个村寨博物馆，对大多博物馆或村寨而言基本上是不可行的。但生态博物馆已经践行了"以村民为主体"的新博物馆模式和博物馆学新理论，它可以用来管理村寨形态的博物馆或跨村寨的区域博物馆吗？生态博物馆是后工业社会下形成的理念，对于民族地区的村寨来说，不可能自发产生。管理博物馆或者以博物馆的方式生存，对村民来讲均是一种"超前行为"。事实上，已有的20多座生态博物馆，其建立的缘由，主要是政府保护文化多样性、发现文化资源、发展旅游。专家学者有关"文化自觉性和时代责任"的论述和呼吁，或许会起到"敲边鼓"的作用。当然，揣测建立村寨博物馆或生态博物馆的原初目的，只能加深对建设者是否明晰博物馆理念的种种质疑，并不能实质性提升现有村寨博物馆的水平。村寨博物馆如果想要持续发展，必须与本地社会发生密切关系。就目前情况来看，有以下实际工作需要先行：

开展文化记忆工程，抢救濒危民族文化遗产。文化是发展的灵魂，经济发展与文化发展关系密切。要科学保护民族地区的村寨文化，就要深入发掘其文化内涵。但是，在全球化和现代化浪潮的席卷下，我国少数民族地区的很多传统文化面临着失传和消失的危险。因此，在

村寨中积极开展文化记忆工程，对传统的和濒危的民族文化，如民间传说、神话、节日、饮食、服饰、技艺等展开系统的搜集和整理工作变得越来越重要。

注重整体风貌保护，加强基础设施建设。村寨博物馆的建设不仅包括对物质文化遗产和非物质文化遗产的挖掘、保护与传承，还包括对文化产生与依附的自然环境的维护。因此，保护村寨文化就要连同其自然生态环境一同保护，注重对村寨整体风貌的保护，包括治理生态污染、防止人为破坏生态景观等。另外，在村寨文化保护中，还应该重视基础设施建设，加快民族地区村寨硬件设施建设，完善其与博物馆有关的配套设施和服务水平。民族村寨的硬件设施建设，必须要与当地的环境相协调，尽量使用当地的建筑工艺及材料，同时要尊重村民的意愿，以避免在建设过程中对村寨整体风貌和生态环境造成破坏。

加强专业学者与当地居民的共同参与。在村寨文化的建设与保护中，专家指导与当地居民的参与二者缺一不可。人类学、民族学、博物馆学等多学科的专家通过实地调查研究，对当地村寨文化的保护发展提出指导性的意见，以维护地区文化的多样性，同时还能够为当地的建设提供帮助与咨询。因此，为保证村寨博物馆的科学发展，多学科专家的指导、参与是必不可少的。而作为村寨文化的主人，村民参与亦非常重要。为保证当地村民有效参与村寨博物馆的日常建设与管理，我们不仅需要加强对村民的教育培训，以启发当地村民对自身文化的觉知，增强其民族认同感，从而达到"文化自觉"，拥护博物馆事业，还要让村民切实感受到村寨博物馆建设带来的好处，使他们成为自身文化的受益者，调动起他们保护自身文化的积极性，自觉投身于村寨文化的保护工作。

扩大资金来源渠道。传统村寨博物馆在建设发展过程中面临资金短缺及其带来的各种问题。为了使村寨博物馆有一个良好的发展环境，人们需要稳定的资金来源做后盾，摆脱传统的单纯依靠政府拨款和村民演出来获取资金的方式，建立并扩大多元化的资金来源渠道。可以立足国内，多方筹措资金，建立有效且稳定的基金组织，通过地方立法明确村寨博物馆的法律地位，确保其能合法获得政府、个人、社会团体、企业等各方资助。同时，还要充分利用当前政府及民间普遍关注生态环境和文化多样性问题的有利时机，积极争取国家林业、农业、文化、民族与宗教、旅游以及环保等部门和组织的帮助与资金支持，避免将村寨博物馆狭隘地视为"博物馆"。

村寨博物馆作为一种文化遗产保护的本土化实践模式，从1980年代在贵州首先出现，到生态博物馆理念引入后与其结合发展再到现在发展壮大，并走出自己特色，经历了从摸索、学习、借鉴到再发展的过程。作为一种新生事物，村寨博物馆在发展过程中不可避免地经历了曲折与困境，如文化保护与经济发展的矛盾、当地居民参与不足、资金有限等，但就整体而言，村寨博物馆的发展呈现出继续壮大的趋势。在建设与发展的过程中，如何更好地保护好村寨所在地的物质与非物质文化及其所处的自然环境以及增强社区居民的文化自觉，使其积极参与村寨博物馆的日常管理与建设，协调好文化保护与经济发展、旅游开发等方面的矛盾，仍然是我们需要继续思考的问题。

创建一个新的博物馆当然不容易，但是将这个博物馆长久地维持在一个比较理想、健康的生存状态，更不容易。村寨博物馆由于专业化程度低，运营成本较低，而且通常和文化景点结合密切，目前维持还不是一个大问题。随着全球化、城市化步伐加快，村寨自身存在的合理性在现代性的逻辑中被认为是要淘汰、即将淘汰的，乡村文化因此也被认为是一种没有未来的过时的文化形态。

"乡村的巨变"与"乡村振兴"已经在所难免。在这个历史进程中，博物馆的重要意义虽然毋庸置疑，但在未来它究竟应该以何种方式存在，它自身的哲学和逻辑是怎样的？如何使村寨博物馆能够更有效合理地经营下去？这都是博物馆工作人员、村民、政府机构等需要共同探索的问题。从这个角度来看，村寨博物馆的发展还有很长一段路要走，需要科学的指导，地域博物馆学应运而生。

五、超越地域的限制：在更广阔的空间里理解历史与时间

传统认为，博物馆的存在是基于教育（education）、知识增长（enlargement）和思想启蒙（enlightenment）三原则，简称3E原则。地域与空间是博物馆的载体，而当代博物馆学则更倾向于把博物馆放到一个更广义的时空中加以审视，把博物馆定义为一种文化现象和文化过程（包括仪式过程），看展览则是文化消费、身份建构的"多维"合一。2019年，国际博协第25届大会在日本京都召开，配合国际博物馆日的年度主题"作为文化中枢的博物馆：传统的未来"，进一步强调传统与当下和未来的连续性，但大会期间讨论最激烈的议题莫过于博物馆新定义。博物馆新定义中对博物馆基于"物质性"的存在前提做了重要的修改，反映了国际社会博物馆观的变化。伊万·卡普和史蒂文·拉文主编的那本著名的关于跨文化语境中博物馆展览解读的著作，直接命名为《展览文化：博物馆的诗学和政治学》，目的就是彰显展览本身在不同文化和地域中的力量和可能性。[1]

展览是博物馆最主要的产出方式，也是博物馆的主要表现和表达形式。中国学术语境中，博物馆展览更倾向于被认定为一种历史再现和历史"书写"，也就是习惯上说的"用文物呈现历史"。当然，历史书写也是一种文化书写形式。[2]

以里耶秦简（古城）博物馆为例。这是一个坐落于小镇上的博物

---

[1] Ivan Karp, Steven Lavine (eds), *Exhibiting Cultures: The Poetics and Politics of Museum Display*, Washington DC: Smithsonian Institution Press, 1991.
[2] 朱渊清：《书写历史》，上海古籍出版社2009年版。

馆，工作人员也主要是本县人。熟人社会的同事关系和偏僻的地理位置是制约博物馆发展的关键难题。近年来，该馆通过主题展览，三次走出湘西，分别走进秦始皇帝陵博物院、中国国家博物馆和长沙博物馆，完成了"破圈"。长沙博物馆和里耶秦简（古城）博物馆联合策划的"从里耶到长沙——解码简牍中的湖湘史记"展，别出心裁，用里耶出土的文物和长沙出土的文物进行"对话"，将两地连接起来，用地域和空间维度呼应秦代历史主题，具有"在更广阔的空间里，理解历史和时间"的意义。2015年，里耶秦简（古城）博物馆在秦始皇帝陵博物院举办的展览"破译秦朝：里耶秦简中的帝国真相"，是一个"汇报工作"展览，一是表明秦始皇帝陵博物院是我国博物馆的"国家队"，里耶秦简（古城）博物馆还是一个"新兵"；二是里耶秦简中提到的"迁陵县"为秦代中央政府设立，洞庭郡迁陵县来给"中央政府"述职了。

第 11 章　艺术社区与乡村博物馆行动的人类学观察

一、艺术介入乡村振兴：作为学科课题，也作为主张

2021 年在浙江省三门县横渡镇举办的社会学艺术节论坛，我原本也有一场主题发言，题目是《美术馆博物馆在乡建的作用：作为文化的发动机》，来呼应王南溟、耿敬倡导的艺术与社会学对话，也就是论坛的主题：艺术如何面对"富裕之后的后果"（张敦福所谓的"费孝通之问"之一），即乡村在初步富裕了之后，艺术如何介入乡村的"下一步"。这个主题令人着迷。这既是一个问题（学术课题），也是一种主张（态度）。

艺术进入社区，艺术的场景发生了巨大改变，策展与布展也完全超出了美术馆、博物馆的既定路线。在诸种"条件有限"之下，如何策展和布展？一切从实际出发，创造性发挥，其实更考验一个策展人（策展团队）的创新能力和应变能力。

艺术乡建（包括进入城市社区的社区艺术行动等），在当下的许多实践中，当然是目标和结果导向的，又总是"项目制"的。

如何破局显然是一个大课题。对学院派而言，理工科特别是工科的人才培养中惯常使用"学研产一体"的方法（科研管理上概括为"产学研一体"，对大学而言，顺序应该是"学—研—产"），人文社会科学则最多做到学研一体，"产"难以纳入教学系统，也难以纳入科

研考核系统。艺术乡建对于大学而言，属于典型的学研产一体，很多时候是由"产"驱动的，艺术者、策展人和社会学者在各自的学科领域通常独自为战，"产出"作为纽带和对话空间将他们联系在一起。

二、艺术进社区和艺术乡建的跨学科性：人类学如何确立自己的学科视角

乡村振兴必须有艺术（艺术家、艺术行为和艺术性机构与组织）的参与。艺术乡建以及更广义的艺术社区建设，博物馆、美术馆或类似机构一直发挥着积极的、有价值的作用。无论是乡村的传统手艺（广义美术的一部分）还是其他具有艺术价值的传统文化，仅仅作为非遗项目存在是不完善的，它们需要当代艺术和当代价值的激发与激活，至少要和当下进行平等的对话与交流。

所以，大家都非常期待艺术乡建（社区艺术建设）能有更大的突破，既包括实践上的突破，更包括理论创新上的突破。中国的文化传统扎根于农业社会、乡土社会，因此转型期的中国经验，在文化传承与创新上，具有普遍意义和重要的理论价值。艺术乡建的中国方略、中国故事和中国经验一直是人们期盼的。

现有的发展理论、乡村建设理论，以及社会转型、社会变迁/文化变迁理论，都显得有些苍白。非遗的过度项目化使得其行动缺少了理论的鲜活性。而理论创新、范式创新又如此迫切，艺术乡建显然可以成为理论突破的"窗口"。

对艺术乡建的批评一般建立在如下的思考模式之上：艺术行为假如无法接地气，往往就会成为艺术家的自娱自乐，成为一种"热闹"或"狂欢"；假如过于接地气，似乎就沦落为"不那么高级"的艺术了。大多数"艺术乡建项目"热热闹闹开场，不尴不尬存在，无声无息结束。这里讨论的是可落地、可执行以及可持续性的问题。什么是

"接地气"？当代艺术需要"接地气"吗？对待这些议题，不同学科间的认识有所差异。也就是说，批评者有自己的预设立场。对艺术创作而言，接地气似乎有"大众脸"的意味。对于项目执行，对话沟通技巧和程序、形式，显然必须能够落地落实。譬如，大家持续批评"画家村"或"摄影村"现象，认为这是一种乡村的"样板化"，是一种乡村的异化，根本谈不上振兴。加州大学伯克利分校的纳尔森·格雷本和我们团队的调查均发现，全世界范围的这类"文艺村"（或社区）在大多数情况下具有某种相对持续性，也就是说，从一个长时段看，这类社区都有艺术师生不断的、持续性的参与。不同年级学生在社区里写生、交流，让社区具有某种实践基地的意义。生态博物馆、社区博物馆的理念，虽然主要基于本地居民的意愿来建设，但"外在气质"的文艺性与画家村等具有一定共通性。

2000—2002年，我和韦荣慧（时任中国民族博物馆常务副馆长）具体执行了"联合国千年发展计划"的文化产出2.0项目的"小黄村侗族大歌博物馆"建设。侗族大歌是列入联合国世界非物质文化遗产的项目，小黄村作为这项非遗的代表性传承地，仅就民歌传承来说，其实原本不需要博物馆之类的机构，田间地头和风雨桥就是他们的表演舞台，而且情歌的对唱是要避免被家人听到的，所以不适合在一般公共空间进行。博物馆、美术馆则不同，它们是面向所有人的，集收藏、展示（展演）于一体。那么，对于本地人来说，他们需要一个博物馆来保护传承侗族大歌吗？从地方政府到村民几乎都表达了强烈的需求，要建立这样一座博物馆。博物馆、美术馆并不是侗族文化中的东西，但侗族村民并非生活于现代社会之外，当大歌歌手们在北京、上海乃至巴黎、纽约巡演时，他们让外界看到（听到）他们，同时他们也看见了更广阔的世界。博物馆、美术馆作为文化工具的功能，并不属于特定的地域，不属于特定的人群。

这样说的话，是不是表明我的人类学立场过于包容，甚至丧失了批评的能力？并不。正如我一直呼吁大家对贵州等地的生态博物馆要多一些宽容理解一样，这毕竟是新生的事物，要放到它自身的成长过程中加以认识，有时出现反复也很正常。[1]

我甚至觉得，季节性与流动性才是大地艺术的本质，大地艺术不是24小时、365天随时可以获取的。乡村的季节性是一种自然的本质属性，与当下盛行的流动性、不确定性正好构成一个对比和反动。多元文化的培育与教育，原本也有更复杂的层次，假如只有国家与国家之别，城市与城市之别，显然是不够的，还应该有更多层次的比较，诸如上海市与横渡镇之别，横渡镇与安吉县之别，横渡镇与小黄村之别等。

林耀华先生提出中国的经济文化类型分析框架，认为这是分析文化变迁、社会转型的基础。[2]农耕文化、节日安排的周期性与可重复性，原本是农业生计社会中的常态。生活在农业社会的人对于可循环性时间有必然性认知。对于现代社会特别是城市社会中被线性时间"驯服"的人，时间是流失的、不可重复的，只有未来的不确定性是确定的。日本的"大地艺术节""故乡魅力再造"或韩国的"艺术乡建"品牌等，在可预期、可确定、可重复等方面做足了文章，其实就是彰显乡土自身的魅力和气息，但形式和内容又可以被赋予时尚意义。

村寨露天博物馆、生态博物馆（乡村社区博物馆）在中国乡村已经进行了近30年的实践，中国的美术馆、博物馆事业近20年在城市里突飞猛进，在乡村社会留下了非常广阔的空间。

---

[1] Pan Shouyong, "Self-cognition and Self-education at Ecomuseum: From 'Information Center' to 'Cognition Center'", *Science Education And Museums*, 2015: 1(1), pp. 35–37.

[2] 林耀华、［苏］切博克萨罗夫：《中国的经济文化类型》，林耀华《民族学研究》第104—142页，中国社会科学出版社1985年版。

三、艺术社区与艺术乡建：文化的发动机

"小小发动机"是斯坦福大学人类学家葛希芝（Hill Gates）在研究中国家庭经济作用时提出的新概念，她认为，对于"小资本主义"（petty capitalism）而言，家庭经济具有小小发动机的作用。

2020年8月8日，王南溟、阮俊、马琳策划的"艺术社区在上海：案例展览与论坛"在上海刘海粟美术馆举行，在第一场专题论坛"社区与社工艺术家身份：一种艺术生态与一种社会互动"中，我正式提出"博物馆、美术馆作为文化发动机"的观点，从叙事博物馆学的方法论角度，分析艺术社区建设以及社区艺术行动的个案，以期使艺术社区具有促进艺术的小小发动机的作用。

上海大学社会学系的耿敬教授讲到艺术家进入社区后的身份焦虑，以及艺术社区行动中社工策展人在定义上的困难。从"艺术乡建"这个比较窄的视角看，艺术家大多把进入社区当作一个"活动"，还不是"常驻"的状态。社工人参与艺术策展、跨界合作实践，的确有诸多可能。对我来说，"艺术社区在上海"的意义，不仅仅是要了解它已经成为的样子，即它是什么，更重要的是它可以是什么，也就是艺术进入社区的可能性。

人人都是艺术家，这的确很鼓舞普通人。其实，艺术对于大多数人来说还是有门槛的，所以艺术家的身份焦虑表达了多样的自我诉求，以及从他者（others）角度对艺术活动的观察反映。王南溟所说的跨学科，通常也就是跨方法的。同样，所有人都知道，博物馆、美术馆的展览有门槛。当代的艺术创造活动常常希望冲破展览的门槛，有的艺术家明确宣布：绝不为展览而创作任何一件作品。从知识消费的角度看，博物馆、美术馆使用者（消费者）也有门槛要求。国际上的说法是，假如你在12岁之前经常参观博物馆，长大后博物馆会成为你生活方式的一部分。我相信，50岁以上的人，12岁之前肯定不能经

常参观博物馆或美术馆，也就是说，我们提出的上述疑问，与自身背景是密不可分的。同样，倡导人人都是艺术家，这里也包括了程度上的不同要求。

我于2018年来上海大学工作，幸运的是刚好赶上了王南溟、马琳倡导的"边跑边艺术""社区枢纽站"等艺术社区行动。我也有幸参与了他们的一些活动，在艺术社区活动中和几位艺术家一起交流，参与了几次论坛。有些活动很精彩，比如在宝山区与居民一起做出了上海"最美厕所"。在此之前"最美"一词不像是形容厕所的词汇。最美厕所，其实也不是艺术家选出来的，而是居民提出、和艺术家一起完成的。上海不缺厕所，各类豪华的厕所比比皆是，但的确缺少最美的厕所，更缺少居民眼中的最美厕所。

庙行社区艺术行动是一个"一揽子"的活动，最令人心动的是"镜子里的我"以及位于街区花园一角里的小小阅览室里的展览。这个小小阅览室，空间虽然很拥挤，但安排了四个展项，而室内和室外又紧密连接在一起，其中的"浮云"展陈是观者争相合影的项目，一度成为"网红"。

中国大百科全书出版社和中国传媒大学口述史团队合作的"百科学者口述史"项目曾安排过对我的采访。他们准备了整整七页纸的问题，从我的小时候问起，用个人生命史的方法，要将我的历史一网打尽。这促使我思考我是谁、我为什么是我，以及为什么是这样的我等问题。我自己能够把握的部分，也许是从大学开始的，我大学本科和硕士的专业都是博物馆学，博士转攻民族学，也就是文化人类学。我的博士指导老师是"吴门四犬"（冰心语，指她的丈夫吴文藻的四位弟子）之一的林耀华教授，他是中国民族学人类学的创始人，他将学术比喻为种子，希望将种子埋进土里，让知识造福后辈。显然，他是从学术传承的角度来定义学术人生的。我的另一位指导老师庄孔韶教授一直提倡"不浪费的人类学"，不仅仅作为学术主张，而且作为行动实践。

如我们所知，大部分的学术作品都以论文、专著的形式呈现，这是学术共同体的准则。通常情况下，学者的很多作品可能只有几百人阅读，其中大约有一半的人还不同意作品中的观点。林耀华先生 1940 年在哈佛大学的博士论文《贵州苗蛮》几乎没有多少人知道，但他差不多同时完成并出版的小说题材的社会学著作《金翼》（*Golden Wing*）却成为世界名篇，与费孝通《江村经济》（伦敦经济政治学院 1938 年博士论文）、杨懋春《一个中国村庄：山东台头》（非博士论文，他获康奈尔大学博士学位，博士论文是《中国集镇制度与乡村生活》）成为英文世界了解中国基层社会的必读著作。因此，如何做"不浪费的学术"应该成为一种基本追求。

一个学者应该学会"两只手写作"，右手学术，左手写自己真正感兴趣的东西。随着学术的学科化、职业化，我们的写作已经越来越窄，艺术家的处境其实也差不多。假如我们和诗人李白一起做田野调查，遇到相同的令人感动的事情，同时做记录和写作，我们肯定首先写出学术性作品，而李白则写了一首诗。若干年后，我们的学术作品可能早就被人们忘掉，而李白写的诗则一定可以为后世所传诵。情感的表达形式本来应该是多样的，作品的类型也并不需要去发明，散文、小说、诗歌，早已经在那里。因此，在学术写作之外尝试不同的写作形态，也应该是当下学者的生存状态。李欧梵把这类两只手写作的学者称为狐狸型学者，庄孔韶称为鼹鼠型学者，意思是一样的，两位先生都在对启蒙以来所形成的学术宰制进行批判反思。中国传统文人，除了多样化的写作外，可能还有书画、音乐等追求。

我自己不仅是学者，更主要是一个行动者。安吉生态博物馆群的案例是我主持进行的，此外也参与了大大小小不少博物馆的规划设计以及评审项目，也参加了制定《非物质文化遗产保护法》《博物馆条例》的相关工作。从学术角度看，这些工作中的一些核心概念其实一直存在争议，比如《非物质文化遗产保护法》的前身是《民族民间传统文化保护法》，

"民族民间传统文化"这个概念很难定义。民族文化、民间文化和传统文化都是可以定义的，但放在一起，就不知道如何定义了。

对实践者、观察者来说，"艺术社区在上海"提供了非常好的案例。这个项目的文献回顾展和新乡居设计展，对我而言是最重要的思考叙事博物馆学的机会，是验证理论思考的机会。通过展览我们发现，艺术社区有多种存在可能，一种是过去时，一种是现在时，一种是正在进行时，一定还会有将来时。艺术社区可以在上海，也可以在中国乃至世界的任何地方，以更多样的形式出现。艺术社区实践、社工策展人等，都可以复制。艺术社区可以处在乡村、城市，在不同类型的乡村和不同类型的城市街区，可以在类似陆家嘴这样的高级社区，也可以在更普通的城市社区。

艺术社区建设以及社区艺术行动提供了一个回应与思考叙事博物馆学的绝佳个案。叙事博物馆学不仅仅是理论，更应该是一种方法学（方法论）。强调"可感知的历史"是人类的群体属性。我认为，艺术一定会塑造社区，更重要的是，艺术给了这个社区可能性、想象力。在宝山民艺博览馆讨论新民艺需要融入当代艺术元素的时候，我们想到新民艺可能起到类似小小发动机的作用。

我"挪用"人类学家葛希芝提出的概念，来描述美术馆和博物馆在当代乡建、社区建设的作用，既是观察结果，也是一种期待。1980、1990年代的时候，人们对于中国家庭经济的性质和价值认识不同，也有争议。葛希芝说，庭院经济具有小资本主义发动机的作用，如醍醐灌顶。如果把庭院经济看作是小资本主义的发动机，同样地，我认为艺术乡建、艺术社区行动一定具有让社区更艺术的小小发动机的作用，对博物馆、美术馆的促进作用也可以期待。[1]

---

1 Hill Gates, *China's Motor: A Thousand Years of Petty Capitalism*, Cornell University Press, 1997.

前面提到，博物馆和美术馆也是有门槛的。对我而言，博物馆有三种存在状态，一是作为物理空间，二是作为机构或组织，三是作为知识产出。

第一，一个博物馆或者一个展览馆、美术馆，首先是物理性的建筑存在，可以做成顶天立地的永不修改的建筑。但有一位大师说，迄今为止没有任何一个建筑，为博物馆建的建筑，能让所有人都满意，一个都没有，也就是说，博物馆建成以后，已经不属于设计师或建筑师，而属于大众和博物馆观众。大众如何享受这部分空间呢？这不是艺术家和设计师所能想象的。

第二，作为机构和社会组织形态的博物馆，在中国作为单位而存在，在西方是各种类型的，公立的或者是私立的，体现为非常复杂的管理体系。它是物品的收集者、内容的策划者和展览的传播者。一个国家的博物馆，在不同时期也会有不同组织形式。支持这种存在形式的，是背后单一学科指导下的博物馆的行动。我们说历史学家有他们的博物馆，考古学家也如此，人类学家也如此，美术家和艺术家也如此。此外，当代艺术的最大特点是，所有的创作都不希望被美术馆、博物馆的权威所限制，当代艺术希望成为独立的自己。如果艺术家创作就是为了博物馆收藏，那这个艺术家的艺术生命必然终结。这种"反动"，引发了所谓"后现代的博物馆学"。

第三，作为文化产出/生产（outlet）形态的博物馆，除了展览，还有大量的讲座、活动，可以传播，可以参与，相当于过去说的"艺术生产"。从生态博物馆看文化产出，似乎专业门槛较低，但这是我比较熟悉的，比如安吉生态博物馆群，有三个层次的体系：中心馆、专题馆和展示点三类馆的形态、大小不同。我们在竹博园做了一个竹文化生态博物馆，在一个乡镇（孝丰镇）做了一个孝文化的展示馆，在一个生产扫帚的村子里做了一个扫帚的展示点（也是展馆）。按照生态博物馆的伦理要求，本地人，也就是村民，是它的主人。实际上，村民怎么做到是文化的主人呢？比如扫帚制作是有门槛的，但扫帚是文化吗？第二，村民要掌握文化的命名权。现在，许多乡村地名正在受外部权威组织特别是媒介的再命名，村民普遍成为被动接受者和主动迎合者。如大竹海，现在几乎人人知道安吉的这个"名胜"，它因为电影《卧虎藏龙》而被重新命名。到了这个地方，几乎所有人都会讲《卧虎藏龙》的故事，容易共情，但原来的地名则被渐渐忘记了，人们对此不以为意。

是否需要给艺术乡建做一个类型学的划分，或者给出人类学的定义？也许时机还不成熟。既然是跨学科的课题，为什么要给出单一学科意义的定义呢？

无论是艺术乡建还是乡村博物馆美术馆建设，其根本目的就是让更多人分享艺术的精华，让更多人表达艺术的观点，让艺术成为生活的一部分。在艺术去魅的当下，博物馆和美术馆降下身段、走出象牙塔，早就应该是一种必然。席勒在《美育书简》中饱含深情地写道："只要审美的趣味占主导地位，美的王国在扩大，任何优先和独占权都不能容忍……在审美趣味的领域，甚至最伟大的天才也得放弃自己的高位，亲切地俯就儿童的理解。"[1]

建构主义博物馆理论的发明者乔治·E.海因说，观者并非毫无关联的客体，知识绝不是一个灌输的过程。我非常认同泰特现代美术馆馆长克里斯·德尔康（Chris Dercon）的观点："我们不仅仅要给艺术家一个声音，而且要给观众一个声音。"[2] 艺术乡建，前途无限。

---

[1]［德］席勒：《美育书简》，中央编译出版社 2014 年版。
[2]［美］彼特·萨米斯、［美］米米·迈克尔森：《以观众为中心：博物馆的新实践》，尹凯译，科学出版社 2018 年版。

参考文献

中文文献

蔡琴：《博物馆学新视域》，浙江人民出版社 2003 年版。

蔡琴：《浙江博物馆史研究》，中国书店 2014 年版。

蔡祥军：《基于符号编译和知识学习的博物馆观众行为研究》，南京理工大学博士学位论文，2010 年。

陈茂泰：《博物馆与庆典：人类学文化再现的类型与政治》，《"中央研究院"民族学研究所集刊》第 84 期。

陈奇禄：《民族与文化》，黎明文化事业公司 1981 年版。

丁雨迪：《民族文物：历史、实践与话语分析》，中央民族大学博士学位论文，2012 年。

段勇：《当代中国博物馆》，江苏凤凰文艺出版社 2022 年版。

刘沙：《阐释人类学视野下的博物馆展览研究》，《东南文化》2020 年第 5 期。

刘婉珍：《博物馆观众研究》，三民书局 2011 年版。

潘守永：《生态（社区）博物馆的中国经验与学术性批判反思》，《东南文化》2017 年第 6 期。

宋伯胤：《博物馆：学校以外的教育机构——蔡元培的博物馆观》，《东南文化》2010 年第 6 期。

宋向光：《物与识：当代中国博物馆理论与实践辨析》，科学出版社

2009年版。

吴泽霖：《吴泽霖民族研究文集》，民族出版社1991年版。

许功明、黄贵潮：《阿美人的物质文化：变迁与持续之研究》，自然科学博物馆1998年版。

徐坚：《名山：作为思想史的早期中国博物馆史》，科学出版社2016年版。

严建强：《缪斯之声：博物馆展览理论探索》，浙江大学出版社2020年版。

严建强：《在博物馆学习：博物馆展览中的认知与传播》，浙江大学出版社2020年版。

尹凯：《生态博物馆：思想、理论与实践》，科学出版社2019年版。

尹绍亭主编：《云南大学伍马瑶人类学博物馆藏品图集》，云南大学出版社2006年版。

俞伟超著，王然编：《考古学是什么：俞伟超考古学理论文选》，中国社会科学出版社1996年版。

周小力：《空间·物·人——里耶秦简博物馆的人类学观察与研究》，中央民族大学硕士学位论文，2016年。

庄孔韶主编：《人类学经典导读》，中国人民大学出版社2008年版。

庄孔韶、方静文：《作为文化的组织：人类学组织研究的反思》，《思想战线》2012年第4期。

［美］爱德华·亚历山大、［美］玛丽·亚历山大：《博物馆变迁：博物馆的历史与功能读本》，陈双双译，译林出版社2014年版。

［美］爱德华·亚历山大：《美国博物馆：创新者和先驱》，陈双双译，译林出版社2016年版。

［美］爱德华·亚历山大：《博物馆大师：他们的博物馆和他们的影响》，陈双双译，译林出版社2020年版。

［英］托尼·本尼特：《文化、治理与社会：托尼·本尼特自选集》，王杰、强东红等译，东方出版中心2016年版。

［美］路易斯·宾福德：《追寻人类的过去》，陈胜前译，上海三联书店2009年版。

［美］乔治·埃里斯·博寇：《新博物馆学手册》，张云等译，李奉栖审校，重庆大学出版社2011年版。

［美］大卫·卡里尔：《博物馆怀疑论：公共美术馆中的艺术展览史》，丁宁译，江苏美术出版社2009年版。

［美］米利亚姆·克利福德、［美］凯西·詹格兰德、［美］安东尼·怀特：《中国博物馆手册》，黄静雅等译，译林出版社2011年版。

［美］史蒂芬·康恩：《博物馆与美国的智识生活：1876—1926》，王宇田译，上海三联书店2012年版。

［美］南希·艾因瑞恩胡弗：《美国艺术博物馆：精英主义与民主主义》，金眉译，湖南美术出版社2007年版。

［美］约翰·福克、［美］林恩·迪尔金：《博物馆体验再探讨》，马宇罡等译，社会科学文献出版社2021年版。

［美］休·吉诺韦斯、［美］玛丽·安德列编：《博物馆起源：早期博物馆史和博物馆理念读本》，路旦俊译，译林出版社2014年版。

［美］马文·哈里斯：《文化唯物主义》，张海洋、王曼萍译，陈来胜校，华夏出版社1989年版。

［美］托马斯·霍文：《让木乃伊跳舞：大都会艺术博物馆变革记》，张建新译，译林出版社2012年版。

［英］希安·琼斯：《族属的考古：构建古今的身份》，陈淳、沈辛成译，上海古籍出版社2017年版。

［美］妮娜·莱文特、［美］阿尔瓦罗·帕斯夸尔-利昂主编：《多感知博物馆：触摸、声音、嗅味、空间与记忆的跨学科视野》，王思怡、陈蒙琪译，浙江大学出版社2020年版。

[英]莎伦·麦克唐纳、[英]戈登·法伊夫编著：《理论博物馆：变化世界中的一致性与多样性》，陆芳芳、许捷译，浙江大学出版社2020年版。

[美]波利·麦肯纳-克雷斯、[美]珍妮特·卡曼：《博物馆策展：在创新体验的规划、开发与设计中的合作》，周婧景译，浙江大学出版社2021年版。

[美]约翰·亨利·梅里曼主编：《帝国主义、艺术与文物返还》，国家文物局博物馆与社会文物司（科技司）译，译林出版社2011年版。

[美]妮娜·西蒙：《参与式博物馆：迈入博物馆2.0时代》，喻翔译，浙江大学出版社2018年版。

[加]布鲁斯·炊格尔：《时间与传统》，蒋祖棣、刘英译，王宁校，生活·读书·新知三联书店1991年版。

英文文献

Michael Ames, *Museums, the Public and Anthropology: A Study in the Anthropology of Anthropology*, Ranchi Anthropology Series (Vol. 9), Vancouver: UBC Press, 1986.

Michael Ames, *Cannibal Tours and Glass Boxes: The Anthropology of Museums*, 2nd, Vancouver: UBC Press, 1992.

Arjun Appadurai (ed.), *The Social Life of Things*, New York: Cambridge University Press, 1986.

Amy Jane Barnes, *Museum Representations of Maoist China*, Surrey: Ashgate Publishing Limited, 2014.

Mary Bouquet (ed.), *Academic Anthropology and the Museum: Back to the Future*, New Directions in Anthropology (Vol. 13), New York: Berghahn Books, 2003.

Mary Bouquet (ed.), *Museums: A Visual Anthropology*, Key texts in the anthropology of visual and material culture (English edition), London: Berg, 2012.

Christine Burton, Scott Carol, Museums: "Challenges for the 21st Century", *International Journal of Arts Management*, Vol. 5, No. 2, 2003, pp. 56–68.

Bettina Messias Carbonell, *Museum Studies: An Anthology of Readers*, Blackwell, 2012.

Dimitra Christidou, Diamantopoulou Sophia, "Seeing and Being Seen: The Multimodality of Museum Spectatorship", *Museum & Society*, Vol. 14, No. 1, 2016, pp. 12–32.

Dimitra Christidou, "Social Meaning Mapping as a Means of Exploring Visitors' Practices in the Museum", *Visitor Studies*, June 2020, Vol. 23, No. 2, pp. 162–181.

James Clifford, *The Predicament of Culture: Twentieth-century Ethnography, Literature, and Art*. Cambridge, MA: Harvard University Press, 1988.

James Clifford, *Routes: Travel and Translation in the Late Twentieth Century*, Cambridge, Mass: Harvard University Press, 1997.

James Clifford, Marcus George, *Writing Culture: the Poetics and Politics of Ethnography*, Berkeley: University of California Press, 1988.

Andrew Dawson, Jenny Hockey, Allison James (eds), *After Writing Culture: Epistemology and Praxis in Contemporary Anthropology*, London: Routledge, 1997.

Kirk Denton, *Exhibiting the Past: Historical Memory and the Politics of Museums in Postsocial China*, Honolulu: University of Hawaii Press, 2014.

Clifford Geertz, *Local Knowledge: Further Essays in Interpretive Anthropology*, Basic Books, 1983.

Talboys Graeme, *The Museum Educator's Handbook*, Aldershot: Ashgate Publishing, 2005.

Clive Gray, McCall Vikki, "Analysing the Adjectival Museum: Exploring the Bureaucratic Nature of Museums and the Implications for Researchers and the Research Process", *Museum and Society*, Vol. 16, No. 2, July 2018, pp. 124–137.

Candace Greene, Museum Anthropology, in Robert Scott and Stephen Kosslyn (eds), *Emerging Trends in the Social and Behavioral Science*, 2015.

Stuart Hall, Jessica Evans& Sean Nixon, *Representation: Cultural Representation and Signifying Practices* (2nd Edition), London: SAGE, 2013.

Clare Harris and Michael O'Hanlon, "The Future of the Ethnographic Museum", *Anthropology Today*, Vol. 29, No. 1, February 2013, pp. 8–12.

Richard Handler, Eric Gable, *The New History in An Old Museum: Creating the Past at Colonial Williamsburg*, Durham: Duke University Press, 1997.

Rodney Harrison, Sarah Byrne, Anne Clarke (eds), *Reassembling the Collection Ethnographic Museums and Indigenous Agency*, Santa Fe: SAR Press, 2013.

Ian Hodder, *Reading the Past: Current Approaches to Interpretation in Archaeology*, Cambridge, Cambridge: Cambridge University Press, 1986.

Eilean Hooper-Greenhill, *Museums and the Shaping of Knowledge*, London: Routledge, 1992.

Eilean Hooper-Greenhill, *Museums and Education*, London: Routledge,

2007.

John H. Falk, *Identity and the Museum Visitor Experience*, Left Coast Press, 2009.

Gwyneira Isaac, *Mediating Knowledges: Origins of a Zuni Tribal Museum*, Tucson: University of Arizona Press, 2007.

Gwyneira Isaac, "Whose Idea Was This? Museums, Replicas, and the Reproduction of Knowledge", *Current Anthropology*, Vol. 52, No. 2, April 2011, pp. 211–233.

Ivan Karp, Steven Levine (ed.)., *Exhibiting Cultures: The Poetics and Politics of Museum Display*, Washington DC: Smithsonian Institution Press, 1991.

Jagodzińska Katarzyna, "Museum Boom Continues: On the Phenomenon of Museums of Contemporary Art form a Central European Perspective", *Zarządzanie w Kulturze*, Vol. 17, No. 1, 2016, pp. 9–29.

Gunter Kress, Theo van Leeuwen, *Reading Images: The Grammar of Visual Design*, London: Routledge, 1996.

Bruno Latour, *Reassembling the Social: An Introduction to Actor-Network-Theory*, Oxford University Press, 2005.

Tracy L-D Lu, *Museums in China: Power, Politics and Identities*, London: Routledge, 2014.

Sharon Macdonald, *Behind the scenes at the science museum*, Oxford: Berg, 2002.

Sharon Macdonald, *A Companion to Museum Studies*, Wiley-Blackwell, 2006.

Sharon Macdonald, *Memorylands: Heritage and Identity in Europe Today*, London: Routledge, 2013.

Peter van Mensch, "Museality at Breakfast: The Concept of Museality in

Contemporary Museological Discourse", *Museologica Brunensia*, No. 2, Autumn 2015, pp. 14–19.

William Nitzky, *Entanglements of "Living Heritage": Ecomuseum Development in Rural China*, Ph.D. dissertation, University of Arizona State, 2014.

Susan M. Pearce (ed.), *Interpreting Objects and Collections*, London and New York: Routledge, 1994.

Louise Ravelli, *Museum Texts: Communication Frameworks*, London: Routledge, 2006.

Lisa C. Roberts, *From Knowledge to Narrative: Educators and the Changing Museum*, Washington, DC: Smithsonian Institution, 1997.

Sansi Roger (ed.), *The Anthropologist as Curator*, New York: Bloomsbury, 2020.

Chandler Screven, "Uses of evaluation before, during and after exhibit evaluation", *ILVS Review*, Vol. 1, No. 2, 1990, pp. 36–66.

Jenniffer Shannon, *Our Lives: collaboration, native voice, and the making of the National Museum of the American Indian*, Santa Fe, N.M.: SAR Press, 2014.

Anthony Shelton, "Critical Museology: A Manifesto", *Museum Worlds: Advances in Research*, Vol. 1, No. 1, 2013, pp. 7–23.

Laurajane Smith, *Emotional Heritage: Visitor engagement at Museums and Heritage Sites*, London: Routledge, 2020.

Maree Stenglin, *Packaging Curiosities: Towards a Grammar of Three-dimensonial Space*, Ph.D dissertation, University of Sydney, 2004.

George W.Stocking Jr., *Objects and Others: Essays on Museums and Material Culture*, The University of Wisconsin Press, 1985.

Nicholas Thomas, "The Museum as Method", *Museum Anthropology*, Vol.

33, No. 1, April 2010, pp. 6–10.

Marzia Varutti, *Museums in China: The Politics of Representation after Mao*, Suffolk: The Boydell Press, 2014.

Peter Vergo (ed.), *The New Museology*, London: Reaktion, 1989.

Stephen Weil, *From Being about Something to Being for Somebody: The Ongoing Transformation of the American Museum*, Daedalus, 1999.

后记

我一路的学术成长，离不开诸多师长的提携、指引和关爱，离不开与诸多学友的切磋、交流与相互砥砺，也离不开与我有师生之缘的诸多同学，从北京魏公村到玉泉路、燕园、雁栖湖，再到上海的宝山大场，大半生中收获最多的是与同学们的情谊。

要致谢的人的确很多，这里不一一列举他们的名姓。段勇教授的知遇之恩，张遇先生的不断督促，还有丁晗雪、石倩雯两位同学的帮助，要特别加以鸣谢。

我所从事的两个学科——人类学和博物馆学，在当下的中国尚未取得独立的一级学科地位（未来也不一定），这对于学术机构和团队建设来说可能非常不利，但对于个体的学术生涯而言，何尝不是一个有利因素呢？在"窄路"上行走，不至于过度拥挤，机遇也会更多。然而，从世界范围看，在新博物馆学范畴下耕耘的学者仍然不少，好作品比比皆是，学术发现和创新其实同样不容易。

本书收录了我近 20 年来在新博物馆学领域的专题性研究和写作，从 40 多篇学术论文中不断筛选，并加以整理、整合而成。绝大部分论文都公开出版过，一些论文是和同学合作的，其中个别论文虽然同学是主笔，但我贡献了核心观点。我的规则是，同学独立完成的论述，即便我劳动很多,我也不会署名；如果是我交代同学写作的题目，且贡献了核心观点，则会署名。所以，20 多年来我虽然指导了 90 多名硕士生、博士生，他们读书期间也发表了近百篇论文，但我署名的合作论文非常少。20多年来，我们团队写作最多的内容是博物馆建设规划方案和研究报告，如《浙江省安吉生态博物馆示范项目实施方案》、《山西平顺县太行三村生态博物馆规划方案》、《浙江省松阳县乡村（生态）博物馆群建设规划方案》（及其附件《西田花开乡村博物馆规划方案》《吴弄乡村博物馆规划方案》）、《北京永定河文化生态博物馆前置研究报告》、《重庆酉阳民族博物馆建设方案》、《酉阳桃花源景区资源评估与建设方案》，约有40多项。这些集体成果均实行共同署名，将来正式出版时也会如此。

在新博物馆学领域，专题性的研究著作，即围绕某一个具体的学术问题进行深入研究以及案例研究（以具体博物馆为对象的民族志研究）容易做到精深，一直是主流。我指导的研究生，做的也大多是这类论文选题，综合性的研究反而不多，这与人类学的学术传统有关。但，注重个案的深度，就会忽视综合性、一般性的议题，给人一种"回到部落视角（观点）"的印象。本书内容的选择考虑到了不同类型主题之间的平衡，那么是否会存在学科意识不突出的责难呢？

新博物馆学在初现的时候，被视为一场社会运动，它强调博物馆是整体社会生活的一部分，因此属于"后现代博物馆学"。如今，博物馆是社会变革的力量已经成为普遍性共识。新博物馆学与传统博物馆学已经逐渐融合。国际博物馆协会于2022年8月通过了博物馆的最新定义，即"博物馆是为社会服务的非营利性常设机构，它研究、收藏、保护、阐释和展示物质与非物质遗产。向公众开放，具有可及性和包容性，促进多样性和可持续性。博物馆以符合道德且专业的方式进行运营和交流，并在社会各界的参与下，为教育、欣赏、深思和知识共享提供多种体验。"这正式宣布了"现代的"博物馆学和"后现代的"新博物馆学达成了"和解"，似乎也预示着我们还需要"更新的"博物馆学。